DENIS BICHET

L'ETRANGE FIANCE DE JEANNE D'ARC

POLAR HISTORIQUE

Livre I
Mise à jour 24/06/22 - V10

Aux miens

Qui reposent au pays de Domremy

Sur les bords de la Meuse endormeuse

Que des hordes de barbares aux yeux gris

En suivant les étoiles ont franchi

Engendrant ce peuple insoumis

Bien fou qui ne s'en méfie...

1 - LE RESTAURANT
(Vendredi soir)

Le restaurant était en vue.
Elle regarda sa montre, qui avait une particularité étrange, les chiffres étaient comme mélangés en bas du cadran, fantaisie d'une célèbre marque Suisse...
_ Il est huit heures, dit-elle.
_ Si je peux me permettre, votre montre ça ne fait pas très notaire...
_ En fait, je suis historienne et généalogiste, en stage à l'étude notariale pour démêler un écheveau de successions et participer à la vente de quelques biens... mais ma préoccupation essentielle est Jeanne d'Arc, et particulièrement deux points oubliés de son histoire, ses démêlés avec ce garçon qui lui intenta un procès en rupture de fiançailles et le château de l'Isle, qui aurait appartenu à sa famille et s'est volatilisé...
_ Je croyais qu'il n'y avait que dans les dessins animés japonais que les châteaux s'envolaient...
_ Vous ne croyez pas si bien dire, plusieurs universitaires Coréens et Japonais ont consacré une thèse à Jeanne d'Arc...
On s'installa au fond de la salle.
Un groupe de fêtards occupait l'entrée.
L'un d'eux, sans doute éméché, leva son verre et porta un toast à l'ensemble des convives, puis nous

apercevant, nous gratifia d'un sonore : «A votre santé les amoureux !».
Anna lui répondit en levant le sien.
Et les autres de scander : « Un baiser ! un baiser !».
Il m'appartenait de les détromper, mais ils étaient trop loin et bruyants.
Elle me prit de court.
_ Ces campagnes, c'est un désastre, si on ne s'exécute pas, ils ne vont pas nous lâcher, faisons semblant.
J'esquissai un baiser sur le coin de ses lèvres...
Sa bouche m'absorba.
Nous entrâmes en lévitation, la table dansa et nous transporta par dessus le toit comme les amoureux de Chagall.
Les fêtards hurlèrent de joie.
Elle me libéra. Je m'affalai sur ma chaise.
_ Vous voyez, dit-elle, ce n'est pas difficile de faire semblant.
_ Alors, si vous faisiez semblant, ne le faites jamais vraiment, vous pourriez me tuer...
_ Prenez ça comme un service, dit-elle, vous voyez, le garçon là-bas en tenue de cycliste, c'est un coursier, il vient souvent à l'étude et il n'arrête pas de me coller...
_ Ah, je comprends mieux, c'est un service difficile de refuser.
_ Je lui ai même dit que j'étais lesbienne...
_ Et alors ?
_ Il a répondu : c'est parce que vous ne m'avez pas

essayé !
_ C'est vraiment un malotru, vous avez bien fait de me demander de vous embrasser...
Le chef des fêtards vint remplir nos verres. Le baiser avait dû l'impressionner.
Il laissa la bouteille sur la table.
Anna le remercia et se tourna vers moi.
_ Mais parlez-moi de votre famille, monsieur Biget... pardon, Bichet...
_ J'ai peur que ce soit ennuyant...
_ Pas du tout ! Tout ce qui concerne les familles m'intéresse, je suis généalogiste, ne l'oubliez pas, et pire encore, psycho-généalogiste...
_ Psychogé...
_ Une science nouvelle et contestée d'ailleurs... pour faire court, nos actes seraient la répétition d'événements passés... un fantôme qui traverse les familles... un mistigri qu'on se refile de génération en génération... vous me suivez ?
_ Pas du tout...
_ Alors, parlez-moi de votre première rencontre avec Jeanne d'Arc.
_ Ma première rencontre avec Jeanne d'Arc ?
_ Ne me dites pas que vous vous intéressez à ce moulin par hasard, c'est le « Château de l'Isle » qui appartenait à la famille de Jeanne.
_ Mais si, je vous assure... la seule Jeanne que je connaisse, c'est ma grand-mère...
_ Est-ce déjà bien un hasard ? Réfléchissez, il y a forcément un événement déclencheur.
J'étais prêt à tout pour lui faire plaisir.

2 - LA DEUCH'
(Décembre 1960)

_ Ma rencontre avec Jeanne d'Arc fut brutale, j'avais quatre ou cinq ans, mon père venait d'acheter une 2 CV qu'il attendait depuis un an, elle arriva la veille de Noël...
Ce n'était pas la couleur ou les options qui faisaient problème, il n'y avait que deux modèles, la berline et la fourgonnette...
Il opta pour la fourgonnette, une sorte de remorque avec une demi-voiture à l'avant, suffisamment laide et rudimentaire pour convaincre ma mère qui voyait dans le progrès et les "trente glorieuses" qui se profilaient, une spirale de dépenses sans fin.
Elles sonnaient la fin d'un monde paysan millénaire qui plongeait ses racines dans le moyen-âge, plus proche de Jeanne d'Arc que de la cafetière électrique et de l'aspirateur...
Quand mon père s'engouffrait avec délices dans ce grand magasin qu'allait devenir la société de consommation.
Il décida d'une virée à travers le canton, trois villages dont le centre géographique était Domrémy.
La neige tombait en grésil, un fin tapis, traître comme celui que je tirais sous les pieds de mes sœurs, avant qu'elles ne hurlent et que ma mère ne

me colle une gifle...
Ce qui était profondément injuste, car il leur suffisait de crier sans raison pour que j'en prenne une. Ce qui renforça ma méfiance envers le genre humain.
Je fis une pause, elle remplit mon verre, je poursuivis.
_ A la sortie du pont, juste en face de la maison de Jeanne d'Arc, un virage à angle droit...
Comme il le fit toute sa vie, mon père accéléra sans raison, et avant la fin du virage, freina brutalement.
Selon les lois intangibles de la physique, la voiture partit comme une flèche, en une ligne de fuite parfaitement tangentielle à la courbe, griffant la neige d'une majestueuse arabesque qui la fit hésiter entre l'église et la maison de Jeanne...
Dieu, dans sa prévoyance, ayant fait en sorte que la cuisine de la Pucelle soit à mi-chemin entre le confessionnal et son poulailler.
_ Confessionnal dont elle abusait, m'interrompit Anna. Jeanne n'avait strictement rien à confesser, même pas une petite crotte de nez sous la table... le curé qui se nommait Minet s'en désolait et s'en ouvrit à ses parents...
A l'évocation de ce nom, je risquai une blague de potache :
_ « Minet », n'est-ce pas l'inventeur de la formule «Dieu est descendu par Minou»
Elle hésita avec un sourire poli.
_ Par Minou ? ah ! je n'avais pas compris "Parmi

nous !"... excusez-moi, mon christianisme est récent, je me suis convertie, il y a trois ans seulement...

_ Ce serait un plaisir de vous enseigner le catéchisme, j'étais «Premier de Communion»... je sais, c'est ridicule, mais ça existait à l'époque...

_ Vous avez raté une vocation, vous auriez été mignon avec une soutane...

_ Ne le regrettez pas trop, je n'aurais pas pu vous embrasser...

_ J'aurais demandé au serveur, ...

_ N'y pensez pas, importuner le personnel ! je préfère me sacrifier...

Elle remplit mon verre.

_ Poursuivez, je vous en prie.

_ D'un coup de volant, mon père évita la maison natale de Jeanne. Les roues latérales heurtèrent brutalement le trottoir, la «Deuch'» menaça de verser, ce que sa légendaire stabilité nous épargna...

Un paquet de neige tomba de l'avant-toit, dont la voiture avait emporté un pilier, et nous enveloppa d'un silence d'éternité.

Pas un volet ne s'ouvrit.

Dieu momifié, ou faisant la grasse matinée en ce dimanche à ne pas mettre une nonne dehors, ne prit pas la peine de nous ouvrir les portes du paradis ou de l'enfer...

Un carillon nous tira de notre léthargie.

L’œil furieux, ma mère ordonna : « Demi-tour ! ».

Ce qui n'était pas strictement nécessaire, puisque la

voiture de par son tête-à-queue, était dans le sens du retour...
Mon père, la tête basse, rumina sa vengeance.
Elle se présenta sous la forme d'une intersection.
Il refusa outrageusement la priorité au premier automobiliste qu'il rencontra et l'insulta copieusement.
La passagère, sa femme, partant du principe que celui qui crie le plus fort a raison, ou soldant quelques vieux comptes, se mit à frapper son mari.
Quand la correction fut terminée, ma mère fit sournoisement remarquer que le panneau "stop" était pour nous.
La solidarité avec les opprimés a ses limites...

3 - LE ZOUAVE

_ Si je comprends bien, votre papa conduisait comme un pied ?
_ C'est peu dire...
_ J'imagine qu'il avait ses raisons ?
La question était curieuse, mais j'étais sous le charme et je ne lui aurais rien refusé.
Je rassemblai mes souvenirs, épars comme des feuilles dans un jardin d'automne.
_ A la fin de sa vie, mon père me montra une photo jaunie... deux soldats devant une guimbarde, lui et à côté, la chéchia de travers, son copain Zak.
Un vent frais soufflait sur la botte italienne, les

alliés venaient de débarquer à Anzio et piétinaient devant le Monte Cassino.
_ Bichet et Zak, un pas en avant !
_ A vos ordres, mon Capitaine !
_ Zak, vous savez conduire, vous avez le permis ?
_ Les deux, mon Capitaine !
Je doute qu'il soit l'auteur de la formule. Certains d'ailleurs, s'obstinent à dire "les deux mon Général", ce qui est une erreur, puisqu'un soldat ne s'adresse jamais directement à un Général.
_ Bichet, vous êtes chauffeur aussi, affirma le Capitaine.
Ce n'était pas une question, il y répondit pourtant :
_ Non, mon Capitaine, chauffeur de locomotive !
_ C'est kif-kif bourricot !
J'ignore s'il avait une virgule, mais pour être honnête, Bourricot ne visait pas spécifiquement mon père, c'était une expression en usage dans les troupes coloniales.
_ Mon Capitaine, dans une locomotive, c'est pas le chauffeur qui conduit, c'est le mécanicien... le chauffeur alimente la chaudière en charbon, il la chauffe... chauffer... chauffeur...
_ Et paf! dit tout bas Zak, dans les dents !
Mon père, qui avait la manie d'en rajouter, le savait d'autant mieux, qu'avant de s'engager, il «chauffait» la locomotive de mon grand-père, avant que ce dernier ne lui accorde sa fille, ma mère...
Une grande ficelle qui dépassait d'une tête tous les garçons du village, qu'elle trouvait d'ailleurs trop

bêtes.
Je suis donc le produit de quelques pelletées de charbon bien engagées dans la chaudière... La pelle eut été plus courte que je ne serais pas là...
_ Bichet, ne faites pas le Zouave, on est des Spahis, trancha le Capitaine.
C'était sa blague préférée.
_ Soldats, prenez la « Jeep » et faites-moi trois fois le tour du fortin, je mets des œufs dans la caisse à outils...
Zak, qui reconduisait les amies de sa mère, après le thé, dans l'Hispano-Suiza de son père, s'en tira à merveille, il réalisa un parcours sans faute, tout en douceur.
Les fesses de la duchesse eussent été choyées comme des œufs de caille.
Mon père, qui n'avait jamais tenu un volant, confondit les pédales, fit rugir le moteur, exécuta de spectaculaires cabrioles et d'impressionnants tête-à-queue...
Il y avait une omelette dans la boite à outils, et ça sentait la corvée de pommes de terre...
Le Capitaine aligna les impétrants et livra ses conclusions.
_ Zak, vous êtes un bon conducteur, mais...
Il fit durer le suspens :
_ Le meilleur, toutes catégories, de Tlemcen à Guelma, c'est Bichet !
Les deux amis crurent à une nouvelle blague.
Mais le capitaine n'était pas « maboul », il avait sa théorie :

_ En période de guerre, il y a deux sortes de conducteurs, les bons et les mauvais... les bons meurent rapidement, parce que leur conduite est prévisible... les mauvais ont plus de chances de s'en sortir, parce que leur conduite est imprévisible.
C'était évidemment un de ces raisonnements spécieux qui n'appartiennent qu'aux fous et aux génies, sans qu'ils se confondent nécessairement.
Et devant l'air ahuri des deux amis, il ajouta :
_ Aucun «sniper» ne peut anticiper leur trajectoire.
Il disait «sniii-père», avec l'accent pied-noir.
_ Bichet, vous serez le conducteur en chef, Zak vous accompagnera... demain, ravitaillement, n'oubliez pas ma caisse de whisky... et pas la peine d'aller jusqu'à Tataouine, y a des filles partout... la Graziella de Monte Pietro, elle prend dix cigarettes pour une pipe...
C'était sa deuxième blague, il était bien vu de rire.
Le Capitaine trafiquait avec les « G.I. », des gars du Bronx et de Pennsylvanie, qui avaient renoué avec leurs cousins italiens.
Ils détournaient de l'essence, des pièces détachées et ces petits moteurs qui permirent le démarrage foudroyant de l'industrie italienne à la Libération : scooters et machines à laver...
Pas entièrement convaincu par les arguments du Capitaine, Zak qui ne voulait pas finir dans un ravin, entreprit de donner à mon père sa première leçon de conduite.

4 - LE SNIPER (Mai 1944)

_ A l'entrée de Monte Pietro, un virage à angle droit, le même qu'à Domrémy, mais avec le Monte Cassino en fond d'écran.
L'impressionnant monastère fortifié, défendu par les « Diables-Verts » du Feld-maréchal Kesselring, qui résista aux bombardements américains et aux assauts des Tabors marocains pendant des mois.
Hitler ironisa, calculant qu'à cette vitesse, les alliés seraient à Rome en 1956. Quand les allemands ne gagneraient plus que les Coupes du Monde de football.

LE MONTE CASSINO
Au matin du 15 février 1944, les bombardiers américains larguèrent plus de mille tonnes de bombes sur le monastère que n'occupaient pas les allemands retranchés sur la ligne Gustav...
Erreur des services de renseignements alliés, qu'une paire de jumelles aurait pu éviter, et désastre architectural majeur, le monastère, construit du temps de Jeanne d'Arc, était un monument historique, un symbole national comme Notre Dame de Paris...
Les manuscrits et les incunables d'une valeur inestimable avaient été déplacés quelques jours avant.
Quand il ne fut qu'un monceau de ruine, les redoutables "Fallschirmjäger", les parachutistes

allemands, se retranchèrent dans les ruines, installant des nids de mitrailleuses qui provoquèrent d'énormes pertes dans les rangs alliés.
Les Tabors marocains avec leurs mulets contournèrent le Monte-Cassino, ouvrant la route de Rome et sonnant la glas de la « furia germania.

Zak ralentit et amorça prudemment son virage.
La balle lui emporta la joue et le projeta à l'arrière du véhicule, le sang gicla.
Mon père attrapa le volant et appuya frénétiquement sur les pédales, le moteur hurla, la Jeep ripa et dévala un chemin de chèvres...
La seconde balle ricocha sur le capot, une autre se perdit dans les rochers.
Ils restèrent trois jours dans le ravin avant qu'une patrouille ne les retrouve complètement déshydratés.
Zak agonisant, qu'on emporta pour mort. Mon père, les jambes coincées sous le châssis.
Le capitaine lui confia les affaires de son ami, "un maroquin" en cuir vert, le gratifia de quelques cartouches de cigarettes américaines, d'une bouteille de whisky et d'une citation de chauffeur émérite.
On le rapatria en Algérie, où il finit la guerre dans un hôpital militaire à Dellys.
_ Dellys, de Lys, du Lys, c'est étrange, dit-elle, c'est sous ce nom que fut anoblie la famille de Jeanne d'Arc.

5 – L'AFFICHE

Elle fit tourner le vin dans son verre à la lumière de la bougie.

_ Mangeons avant que le rôti ne soit froid.

Elle découpa sa viande avec des gestes précis, la lame jetait des éclairs, le sang perlait.

Je l'imitai en m'interrogeant.

Il n'était pas si rare d'aller au restaurant pour traiter une affaire. Pas davantage que l'interlocutrice soit une jolie femme. Un peu plus qu'elle s'intéresse à moi...

Soudain, dans la pénombre, j'aperçus le cycliste amoureux qui nous jetait des regards noirs.

Une pile d'assiettes s'effondra en cuisine, je sursautai.

Anna leva la tête, pianota nerveusement sur la table et me prit la main :

_ Dites-moi tout ce qui vous plaît, des mots gentils, coquins, pourvu que nous ayons l'air complices...

_ C'est difficile, vous me faites trop d'effets, enfin, vous comprenez, vos yeux, votre chemisier, vos jolis...

_ Fermez les yeux, dit-elle, ce n'est pas le moment de renverser la table.

Elle mit ses mains sur mon visage, je me concentrai sur une situation imaginaire :

Le fâcheux m'attendait à la sortie du restaurant, il me fracassait le crâne avec sa pompe à vélo, je lui administrais un coup de savate dans son ridicule short moulant, il vomissait sa choucroute, un complice m'assommait avec la soupière...
C'était un bel enterrement, Anna était en tête du cortège, inconsolable, les yeux gonflés.
Le noir lui allait bien et tranchait avec son rouge à lèvres cerise.
Au dernier moment, elle se glissa dans la charrette, et fit des choses que je n'aurais jamais crues possibles...
Elle reposa la question:
_ Que faisait-il en Italie?
_ Qui, mon père ? ah oui, la guerre...
_ Mais pourquoi en Italie ?
_ Ma mère m'a raconté l'histoire peu avant sa mort, il avait arraché une affiche...
_ Une affiche ?
_ Oui, une affiche de propagande allemande, «Jeanne d'Arc boutant les anglais hors de France», ou quelque chose comme ça... il était accompagné par deux camarades, dont l'un le dénonça, sans qu'il sache jamais lequel, et dans le doute resta ami avec les deux.
Le premier connut un destin tragique, l'autre s'illustra par sa malhonnêteté.
_ Votre papa a été sanctionné ?
_ Pas vraiment, il a été convoqué à la Kommandantur et juste sermonné. En ce début d'occupation, les allemands occupés à l'Est,

entendaient se concilier la population...
Mais quand le STO fut instauré, il opta pour la fuite.
Il quitta son village en juin 1942, franchit la ligne de démarcation, embarqua à Port-Vendres et arriva à Oran en octobre 1942.
J'ai sur mon bureau sa gourde avec les dates et les étapes de son parcours militaire gravées au pointeau.
Elle remplit nos verres et porta un toast:
_ A votre papa, son humour et son sourire malicieux !
_ Vous connaissiez mon père ?
_ Oui, c'était un vieux monsieur charmant...
Je faillis m'étouffer, elle ajouta :
_ J'anime un atelier de généalogie, il recherchait ses ancêtres, comme la moitié des français.
J'étais abasourdi.
Elle sortit fumer une cigarette.
Me revint le début de la journée.

6 – L'ETUDE
(Vendredi matin)

J'avais roulé toute la nuit avant de petit-déjeuner d'un café et d'un croissant.
_ L'étude notariale ? avais-je demandé au serveur.
_ Tout droit, au carrefour à gauche, vous pouvez pas la louper, y a une chouette nana, quand elle

vient manger à midi, y a deux fois plus de clients, mais à mon avis faut s'accrocher, des bouquins, toujours des bouquins...
Il allait en rajouter lorsque je coupai court :
_ Merci.
La porte était vitrée, un petit carillon annonça ma venue.
_ Bonjour, je viens pour le moulin...
_ Ah ! oui, je vous attendais, Monsieur Biget ?
_ Non, Bichet, avec un « che ».
_ Excusez-moi. Anna Henigmann, comme énigme avec un « H », dit-elle, en me tendant la main.
Elle avait un léger accent et je mis cette erreur sur une possible origine étrangère.
C'était une jeune femme d'une trentaine d'années, trente-cinq peut-être, les cheveux longs, des espadrilles, un pantalon mi-mollets, une chemise en coton légère pour la saison.
De fines rides aux coins des yeux et sa peau ambrée lui donnaient ce charme des femmes qui en savent davantage que vous ne pouvez leur en apprendre, même si elles vous laissent croire que vous les étonnez...
Elle m'invita à m'asseoir et sortit un dossier cartonné qu'elle compulsa, tout en prenant des notes, consultant son agenda et répondant au téléphone. Ce que la plupart des hommes ne savent pas faire.
La fenêtre donnait sur un jardin aux couleurs d'automne.
Le soleil rasant traversa son chemisier, dessinant la

courbe d'un sein que j'aurais cru libre, si ses mouvements d'épaules ne découvraient une fine bretelle de soie jaune.
_ C'est curieux, dit-elle, j'ai la liste des occupants de ce moulin depuis un siècle, il semble que votre grand-mère y soit née...
Elle me tendit une fiche :

Nom : BICHET née BURDUCHE
Prénom : Jeanne Angèle
Date de naissance: 24-04-1898
Commune de naissance: Domremy-la-Pucelle
Date de décès: 19-01-1997
Commune de décès: Neufchâteau

Dans la marge, à côté de la date de naissance, une mention avait été ajoutée au crayon : «Moulin de Domremy».
_ Oui, c'est ma grand-mère...
_ Vous saviez qu'elle était née dans ce moulin?
_ Non, je savais juste que ses parents étaient meuniers...
_ J'imagine que c'est la raison pour laquelle vous voulez l'acheter...
_ Disons que j'ai toujours aimé les moulins, le bruit de l'eau, les engrenages, le bois...
Elle me proposa un café.
_ Elle a frôlé les cent ans, fit-elle remarquer.
_ Oui, je lui ai tenu la main sur son lit d'hôpital, elle pesait trente kilos, buvait une goutte d'eau par jour... son cœur poussait des pointes à 140, mais ne

lâchait pas... elle réclamait la mort comme on demande d'éteindre la lumière... il suffisait de débrancher le cathéter, personne ne pouvait le faire...
Elle m'écoutait attentivement, je poursuivis :
_ A quatre-vingts ans, elle traversait les bois où enfant, elle avait vu des loups, et s'arrêtait souvent près d'une petite croix, une sage-femme, une certaine Sidonie, qui était venue accoucher une femme du village et avait été violée et assassinée par un malandrin...

*Sidonie Collot a été assassinée dans la forêt entre Amanty et Vouthon-Bas en février 1849. On lui donnera le titre de "martyre de la virginité". Un arrêt de la cour d'assises du département de la Meuse condamnera à la peine de mort le nommé Joseph Michoux, journalier, convaincu de vol, de viol et d'assassinat sur la personne de Sidonie Collot, sage-femme.

_ Je sais, cette Sidonie était de ma famille, une arrière, arrière, arrière, grand-tante. Je suis généalogiste, dit-elle.
Avant d'ajouter cette phrase étrange :
_ Dans ma famille, il y a un crime ou un suicide à chaque génération.

7 – UN CHATEAU

Elle m'interrompit :
_ J'ai une mauvaise nouvelle, dit-elle, depuis que je vous ai envoyé l'annonce, il y a un autre acquéreur...
_ Ce n'est pas le premier qui va me passer sous le nez.
_ Pas sûr, ça dépend de vous...
_ Et qu'est-ce que je dois faire ?
_ Disons que je peux vous aider...
Elle dit la chose avec un sourire entendu qui me fit douter.
_ Légal ou illégal ?
_ Rassurez-vous, pas d'arsenic... mais ils veulent en faire un restaurant, pire, une pizzeria, et pour être franche, ça m'horripile !
_ Vous n'aimez pas les restaurants ?
_ Si, mais pas là, c'est un morceau d'histoire, le « Château de l'Isle ».
_ Un château ? c'est un vieux moulin !
Elle jeta sa chevelure en arrière avant de la nouer sur la nuque, dans une position où seuls ses seins trahissaient les mouvements de ses mains.
_ C'est une longue histoire, dit-elle, mais j'ai de bonnes raisons de penser que c'est le château qui appartenait à la famille de Jeanne d'Arc, et que cherchent en vain les historiens...
_ Vous voulez dire qu'il a de la valeur ?
_ Pas vraiment, personne ne le sait, pas même les propriétaires. Si ça vous intéresse, on peut en parler, mais pas ici...

_ Oui, bien sûr...
_ Six heures, au café de la Place, ça vous va ?
_ J'y serai.
J'allais me lever, lorsqu'elle sortit quelques feuilles de son dossier :
_ Ah, j'oubliais, c'est bien votre sœur qui a acheté une maison à côté de celle de Durand Laxart, l'année dernière ?
_ Durand Laxart ?
_ L'oncle de Jeanne, sa bonne étoile, celui sans qui rien ne serait arrivé.
_ Oui, à Burey, mais ça m'étonnerait qu'elle le sache...
Elle parcourut les deux autres feuillets :
_ Il semble aussi que la ferme de votre tante à Vouthon-Bas, soit la maison d'Isabelle Romée, la maman de Jeanne d'Arc...
_ Elle ne m'en a jamais parlé.
_ L'inconscient n'est pas conscient, par définition, dit-elle.
Avant d'ajouter :
_ Le mari de votre autre sœur, s'appelle bien Gérardin ?
_ Oui.
_ Comme le propriétaire de la maison natale de Jeanne d'Arc, qui en a fait don au département...
_ C'est un nom courant.
_ Pas sûr, j'ai établi sa généalogie, ils sont de la même famille... ça fait beaucoup de coïncidences, vous ne trouvez pas ?
Et pour s'excuser de ces intrusions dans ma

famille, elle ajouta :
_ Les généalogistes sont insupportables, ils savent tous les secrets de famille, il faudrait supprimer ces gens-là...
_ Ils devraient plutôt écrire des romans policiers.
_ J'y pense, mais les vivre, c'est encore mieux...
Perplexe et sous le charme, je pris congé.

DURAND LAXART / BUREY
« On visitait parfois des cousins à Vouthon (village d'origine de sa mère) et au Petit-Burey, dont Durant LAXART (ou LASSOIS.) »
Témoignage de Jeanne.

GERARDIN
« Un habitant de Domrémy, que ses compatriotes reconnaissent issu de la même famille que Jeanne d'Arc, avait reçu dans l'héritage de ses pères et conservé jusqu'ici la chaumière où naquit notre libératrice.
Très récemment un étranger (mot souligné) lui a offert de cette maison un prix de plus de 6.000 francs pour se procurer la satisfaction de la détruire.
Nicolas Gérardin, c'est le nom de ce bon français, a regardé cette proposition comme un outrage. Il a rejeté l'or contre lequel on voulait lui faire échanger son honneur. »
(Doc. Conseil général du département des Vosges.)

8 - LE PROCES DE TOUL
(Vendredi 18 h)

J'arrivai à l'heure, elle n'y était pas, une vague déception m'envahit.

Deux bières plus tard, sa silhouette se profila, souple et légère comme une feuille d'automne.

Elle faillit dépasser ma table, je me levai, elle effectua un gracieux pas de danse.

_ Excusez-moi, dit-elle, je suis myope.

_ Vous ne portez pas de lunettes ?

_ Non, Jeanne n'en avait pas.

Deux boutons de son chemisier étaient ouverts - mon regard s'attarda, elle fit mine de les remettre avec un imperceptible sourire. Un troisième bouton lui échappa.

Le mieux est l'ennemi du bien.

Elle entra dans le vif du sujet :

_ L'affaire débute en 1428, Jeanne a seize ans. Un garçon, dont on ignore tout, l'assigne devant le tribunal ecclésiastique de Toul, pour rupture de fiançailles.

Une plaque rappelle l'événement à côté de la cathédrale.

Interrogée en 1431 par les juges de Rouen qui espéraient prouver son immoralité, elle n'en fit pas mystère, regrettant seulement d'avoir désobéi à ses parents.

Elle enfreignait ainsi le Quatrième

Commandement de Dieu qui faisait obligation aux enfants d'obéir à leurs parents en toutes circonstances.
L'un des soixante-dix chefs d'accusation, bien qu'il n'en restât que six ou sept à la fin du procès, et aucun susceptible d'entraîner une condamnation à mort, qui n'intervint que par traîtrise.
Pour l'heure, à Toul, trois indices :

•Jeanne a gagné son procès.

•Elle a désobéi à ses parents.

•Qui se sont rangés à l'avis du fiancé.

Étrange affaire.
Elle déroula l'histoire des fiançailles et du Château de l'Isle, dot et enjeu du mariage.
Une maison forte transformée en domaine agricole, que Jacques d'Arc et le père du fiancé avaient, selon un document authentique, acquis en vue d'installer leurs enfants.
C'était, selon elle, le moulin fortifié que je souhaitais acheter et dont elle entendait préserver la vocation historique.
Elle me proposait un pacte, faire classer le moulin en publiant ses recherches, de façon à ce qu'il ne soit pas possible d'en faire une pizzeria, et m'engager à le conserver dans l'état, suggérant que des liens mystérieux, un héritage familial inconscient, m'unissaient à ce patrimoine.
Nous étions faits pour nous entendre.
Si les choses en étaient restées là...

9 - L'ENCRE DU SOIR
(Vendredi soir 20 h)

L'encre du soir diluait l'or des platanes, les feux des automobiles zébraient les devantures, filaments d'or et d'argent, étoiles filantes des nuits de bitume.

_ Il se fait tard, dit Anna, je connais un petit restaurant, allons manger, mais ce sera à vous de parler.

J'avais bu six ou sept demis, la tête me tournait.

Je voulus payer, elle me prit de vitesse, sortant un billet de cent euros, une rareté en province, que le serveur s'empressa d'empocher, lui rendant un kilo de pièces, qu'elle ne prit pas la peine de compter.

Elle refusa mon billet en tournant sur elle-même et plaçant ses mains dans le dos.

L'idée me vint de le glisser dans son chemisier entrouvert.

Elle éclata de rire et bonne joueuse me proposa un marché :

_ J'accepte, si vous arrivez à le sortir avec vos dents sans me toucher...

Ce que je fis délicatement l'effleurant à peine.

Son parfum suffit à m’enivrer.

_ Et bien, vous êtes fort au Mikado, vous !

_ Ferdi, appelez-moi Ferdi.

_ Enchanté Ferdi, dites Anna...

Les passants regardaient ce couple étrange qui

jouait à des jeux idiots.
Elle, trop légèrement vêtue pour une soirée d'automne, moi, une casquette de marin sur la tête, celle de mon père.
_ Quand je vois votre casquette, dit-elle, j'ai envie de manger des harengs salés et de boire de la bière au litre, comme chez moi.
_ C'est où chez vous ?
_ La Baltique et ici.
Le restaurant était en vue.
Elle regarda sa montre, qui avait une particularité étrange, les chiffres étaient comme tombés au fond du cadran, fantaisie d'une célèbre marque Suisse.
_ Il est huit heures, dit-elle.
_ Anna, si je peux me permettre, votre montre, ça ne fait pas très notaire...
_ En fait, je suis historienne et généalogiste, en stage à l'étude notariale pour démêler un écheveau de successions et participer à la vente de quelques biens... mais ma préoccupation essentielle est Jeanne d'Arc, et particulièrement deux points oubliés de son histoire, ses démêlés avec un garçon qui lui intenta un procès en rupture de fiançailles et le château de l'Isle, qui aurait appartenu à sa famille et qui s'est volatilisé...
Le vacarme d'une bande d'excités, à l'entrée du restaurant, l'obligea à se pencher vers moi, et murmurer à mon oreille.
On s'installa au fond de la salle.

10 - SOIR D'IVRESSE
(Vendredi soir, minuit)

Nous sortîmes du restaurant.
Anna trébucha et se raccrocha à mon épaule, ses cheveux balayèrent mon visage.
_ Le blé de mes cheveux dans l'horizon bleu de vos yeux, clama-t-elle, pointant du doigt la lune qui n'avait rien fait.
« Quand quelqu'un montre la lune, l'idiot regarde le doigt ».
Moi, je regardais ses yeux qui brillaient et un peu plus bas, les deux comètes qui menaçaient de s'échapper de son corsage dont le dernier bouton stratégique venait de lâcher, pour rejoindre les étoiles, où je les aurais suivies...
_ Nous avons sérieusement éclusé, dis-je, entre deux hoquets.
_ L'amer-bière monte, je suis en marée d'équinoxe, répondit-elle.
Elle tenta une pirouette avant de se rattraper à un lampadaire.
Je volai à son secours, bouée incertaine d'un naufrage annoncé...
_ Écoutez, ce n'est pas raisonnable de rentrer chez vous dans cet état... si vous me promettez d'être sage, vous dormirez sur mon canapé...
_ Dans l'état où je suis, vous ne risquez pas grand chose, dis-je.
Une vague plus haute que les autres me souleva.

Je m'agrippai à une descente d'eau qui lâcha dans un fracas épouvantable, provoquant la fuite de quelques chats hystériques...
Une mégère ouvrit ses volets, nous insulta copieusement et menaça d'appeler la police.
Nous nous escamotâmes en trébuchant dans les poubelles, ajoutant au vacarme.
Anna s'arrêta contre un mur :
_ Mon Dieu, ça fait longtemps que je n'ai pas autant ri, dit-elle, en reprenant son souffle.
Je vomis honteusement dans le caniveau, c'en était fini, pour quelques espoirs de séduction.
Elle sortit un mouchoir en papier qu'elle me tendit.
Je m'excusai platement.
_ Anna, ce n'est pas très glamour...
_ Voila une chose que Jeanne n'a jamais faite, dit-elle.
_ Quoi, vomir ?
_ Non, boire, Jeanne vomissait quand elle voyait des morts, mêmes anglais, mais elle ne buvait que de l'eau...
_ Nous avons du chemin à faire pour mettre nos pas dans les siens, dis-je, en me dépêtrant d'une vilaine part de pizza qui me collait au pied.
Je me mis à détester les pizzerias et décidai d'acheter au plus vite le moulin.
_ Anna, vous avez un stylo, je signe.
_ C'est une demande en mariage ?
_ Non, je parlais du moulin...
Elle me guida à travers un dédale de rues sombres.
Une porte, un escalier en bois, un appartement

sous les toits...
Elle me poussa vers la douche, j'étais le plus abîmé.
Je vomis synchrone avec les bruits de la tuyauterie, libérant des méduses molles et gluantes qu'emporta le ruissellement.
Quand j'eus fini, elle était dans son lit et dormait. Elle avait placé une couverture sur le canapé et un verre d'eau sur le tabouret.
Je sombrai la tête lourde comme l'ancre d'un navire et à l'encre du poème de Rimbaud, "Le bateau ivre".

Et dès lors, je me suis baigné dans le Poème
De la Mer, infusé d'astres, et lactescent,
Dévorant les azurs verts ; où, flottaison blême
Et ravie, un noyé pensif parfois descend ;
(Le bateau ivre. Arthur Rimbaud)

11 - LA VISITE DE JEANNE
(Nuit de vendredi)

Jeanne d'Arc vint nous rejoindre dans la salle du restaurant, avec un cliquetis de ferraille.
Elle retourna la chaise et s'assit à califourchon, son armure ne lui permettait pas de croiser bras et jambes.
Elle traînait une forte odeur de vieux cuir et de crottin de cheval.

_ « Ch'aime » beaucoup ce que vous faites, dit-elle à Anna, sans me jeter le moindre regard.
C'est vrai qu'elle ne s'intéressait pas aux hommes.
Elle avait la peau mate, l'air des champs de bataille sans doute, le cou épais, la silhouette ramassée, une poitrine avantageuse quand même...
J'aurais pu avoir du désir, mais six siècles nous séparaient.
Et puis Anna me plaisait tellement.
Un bruit de casseroles nous parvint des cuisines, elle se leva pour voir si son épée, « Fierbois », qu'elle avait laissée à l'entrée, n'avait pas bougé.
Présumée être celle de Charles Martel, elle valait une fortune. Il y avait un vide-grenier demain, il fallait être prudent.
_ Tu as vu, me dit Anna, en me pinçant la cuisse, elle a une tache de vin dans le cou, c'est Jeanne d'Arc.
Elle revint s'asseoir.
Je lui proposai un verre de vin et du saucisson.
Tout juste me jeta-t-elle un regard furtif
_ Non, merci, « che » ne bois que de l'eau et je ne « manche » que du pain, en plus le « fôtre » est trop « mol »...
_ Jeanne, je peux vous poser une question, demanda Anna.
_ Trois, répondit-elle, après « che » partirai... il y a une bataille demain à Patay, « che » sais qu'elle sera victorieuse, mais « ch'est » pas une raison pour m'absenter, ça la « fouchtrait » mal...
Elle avait renoncé à son patois lorrain pour nous

faciliter la tâche, tout juste parlait-elle en traînant et chuintant les mots.
Un don pour les langues qui ne laissa pas d'étonner les juges de Rouen :
_ Vos saints parlaient français, pourquoi pas anglais?
_ Ils peuvent tout, répondit Jeanne.
Anna hésita :
_ Jeanne, est-ce que vous l'aimiez ce fiancé ?
_ Ah, vous parlez de ce « gargouilleux», de ce « coquefredouille », de cette « truandaille » ? Que nenni, il était « chuste » intéressé par ma dot, le Château de l'Isle...
_ Vraiment ?
_ C'est ballot, dit la Pucelle, vous venez de perdre une question, c'était tellement évident... allez, comme il est pas flagorneux, « che gâchon », dit-elle, en me désignant du menton, « che » lui accorderai une question...
Au fond, ce n'était pas une mauvaise fille, juste un peu rustique.
_ Vite, votre deuxième question, « chentille damoiselle », le temps presse, ils vont s'apercevoir de mon absence, « ch'ai » encore quelques lettres de menaces à dicter et à balancer par-dessus les remparts, comme c'est « l'usache »...
Anna posa sa deuxième question :
_ Jeanne, est-ce que je descends de votre famille ?
_ Oui, bien « chûr », comme un tiers des habitants de ce canton, mais vous, en ligne directe, par mon frère Jacquemin... Maintenant réfléchissez bien

pour la troisième question.
Anna ferma mes yeux et quand elle eut trouvé, me pinça si fort la cuisse, que je sursautai.
_ Jeanne, est-ce qu'un descendant de votre fiancé, enfin de ce "gargouilleux", est dans la salle ?
_ « Chentille damoiselle », comme vous ne m'avez pas demandé qui « ch'est », « che » vais regarder tous les hommes et « che » vous répondrai...
Elle parcourut la salle du regard, sans m'épargner, une demi-douzaine d'hommes étaient à la table des fêtards.
_ Oui, il y en deux, dont l'un plus que l'autre, mais le temps presse, à vous, Mon Sire...
C'était plaisant de se faire appeler « Mon Sire » par Jeanne d'Arc, le pire est que personne ne me croirait, comme quand j'ai annoncé à mon arrière-grand-mère, que les américains avaient marché sur la lune...
Elle avait hoché la tête avec compassion :
_ Mon pauvre petit, ce sont que des menteries...
Quelques années plus tard un courant de pensée qui prétendait à un trucage des images, que la CIA reconnut partiellement pour égarer les Russes, faillit lui donner raison...
_ Et bien Jeanne, demandais-je, il est où ce Château de l'Isle ?
Anna me félicita pour la question, posant très haut sa main sur ma cuisse, qu'elle ne retira pas.
Et que je me gardai bien de lui rendre.
_ Par Sainte Catherine, ce n'était pas un château, « chuste » une grosse « mâchon » au bord de la

Meuse, que vous trouverez, parce que votre bonne amie vous guide sur le chemin de la vérité...
Un bruit, comme la sonnerie d'un micro-onde qui annonce la fin de la cuisson, retentit, je me tournai vers la cuisine... avant de revenir à Jeanne, qui avait disparu.
J'étais stupéfait.
Mais nous avions nos réponses, et puis ne venait-elle pas de dire, qu'Anna était ma «Bonne Amie» et qu'elle me guiderait sur le chemin de la vérité...
A son retour, Jeanne d'Arc dut se perdre dans les nuages, car elle ne participa pas à la bataille de Patay, les livres d'histoire sont formels.
Qui savait que nous en étions la cause ?

12 – UN REVE
(Nuit de samedi)

Je me réveillai avec une soif de dromadaire et me dirigeai à tâtons vers la cuisine...
Un bruit de vaisselle, quelques coups de béliers dans la robinetterie et une glissade qui m'expédia dans la douche, réveillèrent Anna.
Elle alluma la lampe et ouvrit de grands yeux effarés :
_ Mon dieu, qu'est-ce que vous faites emballé dans le rideau de la douche, vous avez froid ?
_ Jeanne a oublié son épée, dis-je...
Elle hocha la tête avec pitié et m'indiqua la place

libre à côté d'elle.
_ Allez, venez finir votre nuit ici, mais pas de bêtises, je suis morte de fatigue. Je rêvais...
_ Vous rêviez de Jeanne ?
_ Non, d'un garçon, idiot...
Voulait-elle dire que j'étais ce garçon idiot ou qu'elle rêvait d'un autre garçon, et que j'étais idiot ? La réponse m'échappait.
Je m'allongeai assez près d'elle pour sentir sa chaleur et son souffle, mais sans la toucher pour ne pas retourner sur le canapé.

Un crépitement de flashs...
Anna venait de publier sa thèse sur le fiancé de Jeanne d'Arc et le Château de l'Isle.
Le dernier point ignoré de l'histoire de Jeanne d'Arc venait de tomber.
Elle avait un bonnet carré avec un pompon rouge et une chasuble noire comme dans les universités américaines.
J'étais au premier rang et j'applaudis à tout rompre.
A la fin de son discours, elle me fit monter sur l'estrade et me cita comme le bienfaiteur qui avait réglé les frais d'acquisition et les travaux pour que le moulin soit classé aux monuments historiques.
Elle me fit l'accolade devant un public acquis à sa beauté et à son intelligence, en me pinçant discrètement la cuisse, et un peu plus.
Cette gloire me gênait, j'attendais avec impatience de me retrouver seul avec elle, dans le moulin pour déjeuner d'un saucisson et d'un verre de vin...

Elle avait posé la chasuble sur le canapé et n'avait gardé que ses sous-vêtements en dentelle.
_ Trinquons à ta thèse, dis-je.
_ Ça avait de la gueule le costume, hein, fit-elle en faisant tourner le vin dans son verre.
_ Tu étais magnifique !
_ J'ai hésité pour la petite culotte...
_ La couleur ?
_ Non, carrément, dit-elle, en vidant son verre.
Je marquai mon étonnement.
_ C'est chaud, Anna...
_ Ah non ! tu n'y es pas, c'est de l'archéologie pratique, pour être dans le contexte... au Moyen-âge, les sous-vêtements n'existaient pas, les femmes n'avaient rien sous leur jupe.
Elle éclata de rire.

13 – LA LETTRE
(Samedi matin)

Le chant du coq me réveilla.
Une odeur de café flottait dans l'air, je me levai.
Anna était sous la douche privée de rideau, les yeux mi-clos pour se protéger du jet.
Ses seins séparaient le ruissellement de l'eau et le triangle au croisement de ses jambes brillait de mille paillettes.
_ Bien dormi ? demanda-telle.
_ Oui, merci et toi ? Je vais chercher des

croissants...
Il me semblait possible de tutoyer une jeune femme chez qui on venait de passer la nuit, même si on avait été sage.
L'air frais me fit du bien.
J'achetai quelques croissants, une bouteille d'eau minérale et le journal :
Un accident de la route, une attaque en Irak, quelques cambriolages, un vide-greniers, des rengaines sur Poutine, la routine quoi...
Rien sur Jeanne d'Arc.
J'allais grimper les marches trois à trois, quand mon regard fut attiré par une lettre qui dépassait de la boîte aux lettres marquée Anna Henigmann.
Je la pris, elle était adressée à une certaine Anna du Lys, même numéro, même rue...
S'agissait-il d'elle-même ou d'une amie ?
_ Anna, il y a une lettre pour la voisine, dis-je.
Elle y jeta un rapide coup d'œil et la mit dans la poche de sa robe de chambre.
_ Je n'ai pas de voisine, dit-elle, juste un type qui hurle la nuit.
_ Il doit être mort, je n'ai rien entendu.
_ Je crois plutôt que tu en tenais une bonne, dit-elle.
Je la suivis dans la cuisine.
_ Du Lys, c'est étrange, n'est-ce pas sous ce nom que la famille de Jeanne d'Arc a été anoblie ?
Elle ignora la question, râpant avec application un fromage à pâte dure sur sa tartine.
Je remis une pièce :

_ C'est ce que tu m'as dit hier, quand je t'ai parlé de l'hospitalisation de mon père à Dellys, en Algérie...
_ Tu as une bonne mémoire pour quelqu'un qui était ivre mort.
_ J'ai pris des notes, sous la table...
_ Ah, je croyais que tu te caressais...
Sa crudité me surprit :
_ Anna...
J'attendis qu'elle finisse sa tartine et tentai de la jouer comique :
_ Anna, si tu vis en coloc' avec Jeanne d'Arc, tu peux me le dire... ou que tu as repris son appart' et que son courrier arrive encore à cette adresse... pour le timbre, s'il est d'époque, je suis preneur...
Elle éclata de rire et botta en touche :
_ Toi philatéliste ? c'est drôle, je te croyais orchidoclaste...
_ Orchido quoi ?
_ C'est du grec....
_ J'ai pas ta culture...
_ Ça veut dire « casse-couille »...
_ Oui, mais ça répond pas à la question...
On était le premier couple en devenir à se quereller avant même d'exister...
_ Elle m'a parlé de toi cette nuit, ajoutais-je.
_ Qui ça ?
_ Ben, Jeanne d'Arc...
_ Tiens, tu as parlé avec Jeanne d'Arc, cette nuit, et moi qui croyais que tu rêvais de moi ! Elle est canon au moins ?
_ Plutôt, petit boulet, avec une tache de vin dans le

cou...
Ce détail que très peu d'historiens connaissaient l'interpella.
_ C'est quoi cette histoire ?
_ Une sorte de rêve prémonitoire, réaliste, avec des bruits d'armure et l'odeur de son cheval...
_ Tu avais tellement bu que ça s'appelle des hallucinations, mon pauvre chéri.
_ Des hallucinations, ou peut-être comme Jeanne d'Arc, des apparitions...
_ Admettons et alors...
_ Elle m'a dit que tu descendais de sa famille par son frère, Jacquemin.
_ C'est passionnant, coupa Anna, tu devrais ouvrir un cabinet de voyance, tu ferais de l'argent... mais faudra éviter de boire, ça fait fuir la clientèle... quant à ce Jacquemin, je n'en connais qu'un, c'est un alcoolique... tiens, je te le présenterai, vous ferez ami-ami...
_ Il paraît aussi, qu'il y avait un descendant de son fiancé dans la salle, ajoutai-je.
_ A quoi tu joues ? dit-elle soudain.
Elle renversa son bol et partit dans la cuisine.
Je laissai passer l'orage et débarrassai la table avant de la rejoindre :
_ Excuse-moi, Anna, je vais faire la vaisselle, et après, si tu veux, je m'en irai...
Elle posa sa tête sur mon épaule.

_ Voilà, dit-elle, mon nom est Henigmann et du Lys.
Mon père, Isaac Henigmann, est né dans la petite communauté de Vaucouleurs qui fut dispersée pendant la guerre et qui existait déjà du temps de Jeanne d'Arc.
Après la guerre, l'Allemagne accorda la nationalité aux juifs qui le désiraient, en réparation des crimes commis par des nazis.
Avec quelques autres, il œuvra pour reconstituer la communauté disparue, afin que l'indicible n'ait pas le dernier mot.
De par sa nationalité, il m'est possible de prendre son nom ou celui de ma mère.
Ma mère s'appelait du Lys, elle descendait de la famille de Jeanne d'Arc, anoblie par Charles VII en récompense de sa bravoure sous le nom de « du Lys », qu'elle proposa en référence aux fleurs de Lys qui figuraient sur sa bannière.
Cette noblesse avait une double particularité :
Elle se transmettait par les femmes et aucune terre ou fief ne leur était accordé.
Ce qui était contraire à son principe : une terre, un nom, un homme.
Le nom des nobles n'est d'ailleurs que celui de leur domaine.
Négligence ou volonté de bien faire, ces deux dispositions provoquèrent leur déchéance.
Au fil du temps, le nombre exponentiel de

descendants, du fait de la transmission par les femmes - les hommes ayant la fâcheuse manie de mourir dans les guerres, duels et tournois -, mit en difficulté la cassette royale qui devait fournir une pension aux nobles désargentés.
Mazarin, soucieux de mettre de l'ordre dans les finances de Louis XIII, priva de leurs titres les descendants de la famille de Jeanne d'Arc qui ne pouvaient justifier d'un domaine pour asseoir leur noblesse.
Beaucoup tombèrent en roture, dans la pauvreté et l'oubli, dont les ancêtres de ma mère.
Un satrape antique disait que la pire des vengeances était d'accorder tout à un homme, honneur, argent, pouvoir, et soudain, sans raison, de tout lui retirer...
L'injustice faite à ma famille a créé un traumatisme qui s'est transmis de génération en génération, engendrant des dépressions et des suicides, dont celui de ma mère et de plusieurs de mes tantes.
Il frappe surtout les femmes qui portent la culpabilité de cette spoliation.
La psychanalyse a tenté d'expliquer ce phénomène à travers une science nouvelle, la psychogénéalogie...
Il m'appartient de briser cette malédiction, de réparer le passé, conclut Anna.

15 - PSYCHOGENEALOGIE

Anna fit une pause.
J'essayais de rassembler les éléments de son discours.
_ C'est une belle ascendance, dont tu peux être fière, même si elle t'accable.
Mais quelque chose m'échappe, tu dis que l'origine du malheur est l'absence d'un domaine pour asseoir la noblesse de ta famille...
_ En quelque sorte.
_ Tu m'as dit aussi, que Jacques d'Arc avait fait l'acquisition du château de l'Isle pour doter sa fille Jeanne.
_ Oui, c'est l'objet de ma thèse.
_ Si Jeanne ne s'est pas mariée, le domaine aurait dû rester dans sa famille, et garantir la noblesse de ses descendants.
_ Oui, mais il y a eu une première spoliation, un tour de passe-passe, le domaine leur a échappé au profit de la famille du fiancé.
_ Tu m'as dit qu'il a perdu le procès, la famille de Jeanne ne lui devait rien, aucun dédommagement...
_ C'est bien ce qui m'échappe... il y a eu maldonne, le fiancé et sa famille se sont retrouvés propriétaires du domaine...
_ Comment le sais-tu ?
_ Un document que j'ai découvert, il occupe le château de l'Isle quelques années après la disparition de Jeanne et la mort de son père...
_ Admettons... mais je ne comprends pas pourquoi, il t'importe que j'achète ce fameux château... je suis

quoi moi, dans cette affaire ?
_ Je veux d'une façon ou d'une autre, priver un éventuel descendant du fiancé, qui viendrait rôder par ici, récupérer ce qu'il a volé à ma famille...
_ Comment ça ? je ne comprends pas.
_ Il reviendra, j'en suis sûr... c'est un crime éternel, un cercle de malédiction... peut-être ces épiciers qui veulent l'acheter pour en faire une pizzeria, les Thénardiers...
_ Ils s'appellent comme ça ?
_ Non, je les appelle ainsi.
Je commençais à douter de sa santé mentale.
_ Anna, une dernière question, pourquoi ne l'achètes-tu pas toi-même, ce château de l'Isle ? Ce serait au moins symboliquement, la fin de tes problèmes, casser le karma...
_ Le moment n'est pas venu... quand on répare le passé, c'est comme quand on démonte ou remonte un réveil, il y a des étapes, un ordre, une logique, il faut commencer par certaines pièces, sinon, ça ne marche pas.
_ Je ne comprends pas Anna...
_ J'ai mis dix ans pour comprendre, tu ne t'imagines quand même pas que tu vas comprendre en dix minutes ?
_ Tu veux dire que c'est ta « spychogé »...
_ Psychogénéalogie.
_ Oui, qui t'a enseigné ça ?
_ Exactement ! tu vois quand tu veux, tu comprends...
_ Non, Anna, je ne comprends rien... mais si ça te

fait plaisir, je l'achète ton château.
_ Sûre ? tu ne changeras pas d'avis ?
_ Que nenni, cochon qui s'en dédit.
Elle s'approcha de moi et fit ce que j'aurais cru prématuré en cette circonstance.
Le baiser du siècle.
Le moins qu'on puisse dire est qu'elle n'avait pas la langue dans sa poche.

16 - LE PERE D'ANNA

Anna me montra une photo de ses parents :
_ Ma mère était lingère, quand mon père l'a rencontrée.
Il fut séduit par cette jeune femme qui chantait et riait, malgré le mal étrange qui la rongeait, une sourde dépression...
Il apportait ses chemises à blanchir et disait travailler dans le cambouis, sauf qu'il avait des mains d'artiste...
Il glissait des bonbons dans les poches de ses chemises, n'osant y mettre de l'argent pour ne pas la vexer, mais laissait des pourboires qui en dépassaient le prix.
Elle finit par s'en amuser et mit en retour des fleurs séchées dans ses poches, prétextant que c'était pour les parfumer, même si aucun autre client ne bénéficiait de ce traitement.
Elle me montra d'autres clichés des jours heureux :

_ Je n'aurais jamais osé vous embrasser, lui dit mon père, si vous n'aviez pas fait le premier pas...
Ma mère éclata de rire...
_ Mais je n'ai rien fait, répondit-elle, je me suis avancée pour prendre vos chemises et vous m'avez embrassée...
_ Oh, je suis désolé, si vous voulez, oublions l'incident.
_ Les hommes sont franchement bêtes, dit ma mère, en prenant sa main, qu'elle ne quitta plus.
Sauf pour l'au-delà...
Mon père mit des fleurs sur sa tombe pendant dix ans, puis il partit dans son au-delà à lui. L'immense camp et charnier que fut l'Allemagne pour les juifs. Ne pas laisser dans la solitude ceux qui avaient été massacrés, leur parler, fleurir leurs tombes.
_ Il vit toujours ?
_ Oui, il a quatre-vingt-quinze ans, sa santé est chancelante, c'est sa lettre, que je n'ose pas ouvrir...
Elle ajouta :
_ Leur mariage fut un scandale de par la différence d'âge, mais aussi de milieu.
Ses oncles avaient fait fortune en Amérique et l'invitaient à traverser l'Atlantique, où une riche héritière, sortie d'une des meilleures écoles de New-York, l'attendait.
Mon père n'en avait cure, c'était un aventurier qui avait fait les quatre cents coups et vivait sans se soucier du lendemain.
C'était un bel homme avec une gueule de baroudeur, à la Kessel, et une balafre sur le visage,

qui ne déplaisait pas en Allemagne où l'ancienne tradition des étudiants de se battre au sabre en faisait une curiosité.
Mais plus gênant, auprès des survivants de la campagne de Russie, dont il fréquenta un temps les cercles nostalgiques, par provocation et pour comprendre l'indicible...
Il eut même un ami Kurt, qui lorsqu'il apprit qu'il était juif, lui tendit son arme de service, et lui demanda de le tuer pour expier le massacre de « Babi Yar », auquel il avait assisté...

BABI YAR
Le massacre de Babi Yar est le plus grand massacre de la Shoah ukrainienne par balles mené par les Einsatzgruppen en URSS : 33 771 Juifs furent assassinés par les nazis et leurs collaborateurs locaux, les 29 et 30 septembre 1941 , à Kiev.
D'autres massacres eurent lieu au ravin de Babi Yar dans les mois suivants, faisant entre 100 000 et 150 000 morts (Juifs, prisonniers de guerre soviétiques, communistes, Tziganes, Ukrainiens et otages civils).
(Wikipédia.)

17 - DEUX DETTES

Anna fit une pause et ajouta :

_ Avant que la communauté de Vaucouleurs ne soit dispersée, le rabbin, mon grand-père, a confié deux documents à mon père, qui avait décidé de passer en zone libre pour continuer le combat.
Deux reconnaissances de dette, en latin et en yiddish, qui auraient été perdues pendant la débâcle, comme le « Mohelbuch », le carnet de circoncisions, qu'on a retrouvé sur une poubelle dans une rue de Paris, après la guerre.
Le premier indiquait que la communauté, habituée aux actes de solidarité, aurait participé aux côtés des habitants de Vaucouleurs, à l'achat de l'armure et du cheval pour permettre à Jeanne d'aller à Chinon voir le Dauphin.
Les collecteurs, très chrétiens, n'acceptèrent l'argent d'un peuple qu'ils jugeaient déicide, qu'à condition de le rembourser.
L'autre reconnaissance de dette concernait le « Château de l'Isle ». Un débiteur aurait emprunté une somme d'argent pour l'acquérir après la disparition de Jeanne.
Dettes qu'on oublia de rembourser à la communauté et qui ont traversé le temps jusqu'à lui, pour en faire l'usage qui lui semblera bon...
Pour sa part, mon père considéra que le cadeau que faisait Dieu en lui accordant la jeunesse et la beauté de ma mère, descendante de la famille de Jeanne d'Arc, valait toutes les reconnaissances de dettes et bouclait la boucle.
"Dieu a payé sa dette" disait-il.
_ Mais Anna, le second document apporte la

réponse à ta question. Il suffit de lire ce nom pour savoir qui a racheté le château de l'Isle...
_ Oui, il n'y a qu'un seul problème, les documents ont disparu, perdus, égarés...
_ C'est donc sans espoir ?
_ Pas sûr, je suis sur une piste... la pièce du puzzle qui me manque pour reconstituer l'histoire et « réparer le passé ».
_ Anna, si l'acquéreur n'a pas payé sa dette, la communauté, ou ses derniers représentants, donc toi, la petite fille du rabbin, a des droits sur ce "château de l'Isle" imparfaitement payé.
_ Oui, ça entre dans la démarche, dans le processus de réparation psychologique...

18 - LE DESTIN
(Samedi après-midi)

Anna ouvrit la fenêtre, l'été indien n'en finissait pas.
_ Que dirais-tu d'une promenade en forêt ?
Il fallait profiter de ce répit, de cette drôle de guerre, avant que novembre ne déclenche l'offensive, un « blitzkrieg » climatique qui arriverait des Ardennes, un grand froid hivernal qui décimerait les passants dans les rues et les feuilles des arbres, ne laissant que des restes rabougris sur les branches des mirabelliers aux fruits d'or...

On fit quelques sandwiches et on partit en forêt. Une promenade propice aux discussions.
_ Tu as quitté la région depuis longtemps ? demanda-t-elle.
_ Il y a presque vingt ans...
_ Qu'est-ce qui t'a attiré là-bas ?
_ Je pourrais te dire le soleil, la terre, les collines, les cailloux, les sources... mais il y a autre chose, c'est une terre de révolte. Mon premier poste en Languedoc, fut bizarrement, celui d'un alter ego malheureux de Jeanne d'Arc, Marcellin Albert, l'apôtre de la Révolte des vignerons, tribun exceptionnel et personnage charismatique qui a enflammé le Midi Rouge en 1907. Il a prêché la révolte contre les "Barons du Nord", qui avaient déjà organisé la répression contre les Cathares et les Protestants...
_ Il a mené le pays au bord de la guerre civile et de la sécession...
_ Tous les révoltés m'interpellent, et puis contrairement à Jeanne, il a perdu la partie, il a été roulé dans la farine par Clemenceau, qui roublard, l'a fait passer pour un traître...
_ Tu as quitté Jeanne d'Arc, le pays de tes aïeux, pour un « loser » ?
_ Jeanne d'Arc me semblait trop parfaite, une sainte, une héroïne... Marcellin est à la fois sublime et misérable, la condition de la plupart des hommes...
_ Jeanne n'est pas celle que tu crois, elle était têtue, émotive, caractérielle, malgré son intelligence, sa

détermination et son humour...
_ Oui, depuis, j'ai appris et compris sa fragilité, c'est pour ça que j'ai voulu trouver un pied-à-terre au cœur de son village...
_ Et tu es tombé pile-poil sur le château de l'Isle, qui est au départ de l'épopée johannique. Si Jeanne s'était mariée, elle l'aurait occupé, mais n'aurait jamais été l'héroïne dont la réputation a fait le tour du monde...
_ Oui, parfait hasard...
_ Il n'y a pas de hasard, Ferdi, c'est le destin qui t'a conduit ici, tu es comme moi, un petit soldat qui doit apporter sa pierre à l'édifice...
_ Le destin ?
_ Tu apprendras bientôt la force du destin, nul n'y échappe, il est prégnant comme les chaînes, qui enchaînent et libèrent...
_ Les chaînes ?
_ Oui, tout homme, toute femme, est dans une prison, il ne s'en échappe qu'à son détriment...

18 - L'ARBRE AUX FEES

Nous fîmes une promenade dans cette magnifique forêt d'automne, dont les troncs élancés évoquent les piliers des cathédrales et leur feuillage, des vitraux de lumière.
_ Voila c'est ici, dit-elle.
_ Ici quoi ?

_ L'Arbre aux Fées. Un arbre étrange, il ne pleuvait ni ne neigeait sous son feuillage. En hiver, il s'ornait de guirlandes et de fruits merveilleux. Au printemps, les jeunes gens venaient y manger des œufs, chanter et danser.
Ce qui intrigua les juges de Rouen, qui y virent la résurgence du mythe païen, qu'il était.
Les habitants interrogés répétèrent en boucle la litanie que leur avait apprise le curé Minet, soucieux d'éviter un procès en sorcellerie collectif.
On brûlait pour moins que ça, au Moyen Age.
A Rouen, en 1431, les trois petits singes étaient lorrains : « Personne n'avait rien vu, rien entendu, rien dit. »
La réponse de Jeanne fut sans ambiguïté, elle n'avait jamais dansé sous l'arbre aux Fées, se mettant même à l'écart pour prier, provoquant les moqueries des garçons, auxquels elle refusait de parler.
Ce que tous confirmèrent, à l'exception d'un seul, qui n'était pas du village.
Quelques habitants firent des révélations gênantes, les seigneurs de Bourlesmonts y venaient la nuit rencontrer des fées...
Bacchanales et messes noires étaient la hantise de l'église, une réponse à l'oppressante misère du temps et à la main mise de l'église sur tout raisonnement contrevenant...
La rumeur mettait en cause la noblesse, les juges coupèrent court.
L'abominable crime de Gilles de Rais, fidèle

compagnon d'arme de Jeanne d'Arc, qui égorgea une centaine de petits paysans dans son Château de Tiffauges au cours d'orgies mystiques, fut révélé quelques années plus tard.

On l'exécuta rapidement pour qu'il ne parle pas trop.

Michel de Montaigne, qui visita Domrémy vers 1580, ne vit à l'emplacement de l'Arbre aux Fées, qu'un arbrisseau.

Le temps avait-il fait son œuvre ?

A moins que les paysans, qui avaient échappé de peu à un procès en sorcellerie, ne l'eussent réduit à coups de serpes.

Ou qu'à contrario, par dévotion, en prélevant écorce et branches, quelques visiteurs hâtèrent sa fin, comme cette porte de la maison natale de Jeanne, qu'il fallut remplacer, les touristes y arrachant de petits morceaux de bois.

MONTAIGNE

« (Nous) passâmes le long de la rivière de Meuse dans un village nommé Domremy-sur-Meuse, à trois lieues dudit Vaucouleurs d'où estoit nastive cette fameuse pucelle d'Orléans qui se nommait Jane Day ou Dallis. Ses descendants furent anoblis par faveur du roi. Le devant de la maisonnette où elle naquit est toute peinte de ses gestes ; mais l'âge en a fort corrompu la peinture. Il y a aussi un arbre le long d'une vigne qu'on nomme l'arbre de la Pucelle, qui n'a nulle autre chose à remarquer . »

Rigolot F. Ed. - « Journal de voyage de Michel de Montaigne » - Paris - 1992)

A mi-pente, entre d'anciennes vignes et la forêt, l'endroit offrait une vue sur les toits du village.
Anna s'adossa à un gros hêtre, peut-être un rejet de l'Arbre aux Fées, ferma les yeux et respira profondément.
La terre renvoyait une odeur douce et âcre.
_ Ici, les jeunes gens venaient chanter, danser, s'embrasser et plus encore... et bien, faisons ce que Jeanne n'a jamais fait sous cet arbre, dit-elle.
Je fis l'idiot.
_ Quoi, jouer aux cartes ?
Elle posa un doigt sur ma bouche et prit ma main qu'elle posa sous son pull.

Nos respirations se firent pressantes.
Le bruissement du vent
La marée, le ressac
Les vagues qui nous jettent sur le rivage
Nos corps qui roulent
Le sable dans nos yeux, nos bouches
Des poissons argentés sur nos corps
Des doigts des algues en nous
La déferlante qui nous emporte
Et laisse nos corps haletants
exténués et ruisselants
Les oiseaux moqueurs qui piaillent...
La fraîcheur nous surprit.

_ Nous venons de réparer le passé, dit-elle, en rassemblant ses vêtements épars comme des jonquilles.

19 - L'ACTE NOTARIE
(Samedi soir)

Avant de rentrer, Anna me proposa un détour par l'Étude pour me montrer les documents dont elle m'avait parlé.
On s'installa dans la salle des archives, elle ouvrit une armoire et sortit un livre ancien.
_ Voilà, dit-elle, l'acte notarié de 1420.
J'en parcourus les premières lignes.
Un texte en écriture gothique, truffé de citations latines, de répétitions et d'un nombre impressionnant de ce qui ressemblait à des fautes d'orthographe.
Chaque mot étant écrit différemment d'une ligne à l'autre.
_ A l'époque, l'orthographe n'existait pas, dit Anna, c'est pourtant un texte émouvant, à la naissance du français moderne, et surprenant, parce qu'à l'époque, seul le latin était utilisé pour les documents officiels. Ce n'est qu'un siècle plus tard, en 1539, que François Ier, par l'Ordonnance de Villers-Cotterêts, rendra obligatoire l'usage du français afin que tous comprennent ce qu'ils lisent ou signent, jetant les bases d'un état moderne qui

prend ses distances avec l'Église, et créant l'État Civil, naissance-mariage-décès, afin que nul n'échappe à la loi. Une mine d'or pour les historiens.

Nous officiaulz de la court de Toul, faisons savoir et cognissant à tous ceulx qui ces presentes lettres verront et orront, que ad ce et pour ce en leurs propres personnes esta blirent en la presence de nostre amey et fiable Richart Oudinot de Marcey soubz Brixey clerc notaire juré pourtant nostre povoir en cest partie et auquel nous avons, adjoutons, avoir et adjouter voulons, foy et creance plainière es choses cy après escriptes et en plux grant, ad ce pour ce personnellement establirent Jehan Biget de Dompremi et Jacob d'Arc ambedeux principaulz conjunctement ensemble...

Elle m'en expliqua la teneur :
Jacques d'Arc et un certain Jehan Biget s'engageaient à louer conjointement, pour une durée de neuf ans, une maison forte appartenant aux Seigneurs de Bourlesmonts.
S'en suivaient la description des lieux, des biens, des obligations réciproques et la liste interminable des témoins qui garantissait la pérennité du document.
_ Lis et relis, dit Anna, surtout les noms, je vais fumer une cigarette.

20 - UNE HALLUCINATION

Je croquai des morceaux de sucre, près de la machine à café, quelque chose me travaillait.

Un nom revenait et tournait dans ma tête, Biget, Bigot, Biget...

Et soudain, comme un éclair, me revint le lapsus d'Anna, quand elle m'accueillit à l'Étude :

_ Ah ! Monsieur Biget ?

_ Non, Bichet, avec un « che ».

J'avalai nerveusement d'autres morceaux de sucre. Le plancher se déroba, ma tête heurta le coin de la table, quelqu'un éteignit la lumière, un nuage étoilé...

Je me levai péniblement, les papiers, le sucre, tout était par terre...

je sortis rejoindre Anna.

_ Elle est partie acheter des cigarettes, dit une petite dame qui arrosait ses géraniums, dont les fleurs noires et les feuilles bleues grossissaient à vue d'œil.

L'intruse s'approcha, elle sentait la naphtaline et posa ses questions perfides :

_ Vous travaillez à l'étude, vous êtes un client, il est tard pour signer un contrat, elle est gentille la petite demoiselle Anna, et le jeune homme qui vient la voir avec son vélo aussi, son fiancé, le Gilles Bigot...

Elle alluma un petit cigare tordu comme une

branche de vanille qui dégagea une fumée violette.
_ Je connais son papa, le Gaston Bigot, c'est le patron de la quincaillerie, il m'a dit qu'Anna et son fils allaient se marier, elle descend de Jeanne d'Arc et lui du fiancé, c'était un peu avant Jules César... Vous la connaissez vous, cette Jeanne d'Arc, on en dit beaucoup de bien...
Un éclair de violence me traversa l'esprit, une envie de lui faire avaler ses géraniums, dont les tiges et les feuilles grimpaient aux murs...
_ Je maudis les vieilles folles ! hurlai-je.
L'écho se répercuta de mur en mur, des volets s'ouvrirent, un quidam monta sur le toit d'en face et agita une bannière, - une épée en croix avec deux fleurs de lys, et une devise : « Jésus Maria », celle de Jeanne d'Arc, et de l'ordre des moines mendiants -.
Des anglais en armure dressèrent une échelle et montèrent à l'assaut. Une clameur, des cliquetis d'armes, l'odeur de la poudre et du feu, je me mis à l'abri.
La petite dame revint à la charge, elle avait une épée, un heaume et chevauchait un cochon jaune, son bouclier était orné d'une langue verte avec des pustules qui palpitaient et crachaient un jus purulent...
Je pris une masse d'arme hérissée de clous pour lui fracasser le crâne.
Anna arrêta mon bras.
J'étais allongé sur le sol, un liquide chaud et gluant poissait mes cheveux, elle m'essuyait le front avec

une serviette mouillée.
_ C'est incroyable, dit-elle, je te laisse cinq minutes et tu fais une catastrophe.
_ Elle m'a frappé... par derrière...
_ Non, une hyperglycémie, tu as mangé la moitié de la boîte de sucre...
Elle trouva des compresses dans l'armoire à pharmacie.
_ Ça saigne beaucoup, dit-elle, mais la blessure est superficielle.
Elle m'aida à me lever et à faire quelques pas.

21 - CINQ FOIS

Anna m'installa dans son lit.
_ Je dormirai sur le canapé, pour que tu puisses te reposer.
_ Non, je te jure que ça va mieux.
_ Tu es sûr ?
_ Certain !
Elle prit son oreiller et vint me rejoindre :
_ Oui, mais on fait rien...
_ Ah non, c'est pas juste, tu as dit que quand on est malade, on a droit à tous les égards...
_ On le fait à pile ou face, dit-elle.
_ D'accord, pile, c'est moi qui décide, face, tu me laisses décider...
_ Non, non, le contraire, dit-elle.
_ Admettons, pile, tu me laisses décider, face, je

décide...
_ C'est pas le contraire ça...
_ Si, si exactement...
Elle fit mine de me donner un coup d'oreiller et vint se coucher près de moi.
Le reste suivit son cours.
_ Tu sais, dit-elle, j'ai ouvert la lettre de mon père...
_ Et alors ?
_ Je dois aller le voir, il ne va pas bien...
_ Tu penses rester longtemps ?
_ Jusqu'à ce qu'il aille mieux, un mois.
_ Ça va être long !
_ Alors, je vais te promettre quelque chose, dit-elle, en me caressant le visage.
_ Dis-moi...
_ Je ne partirai pas avant cinq fois...
_ Cinq fois quoi ?
Sa main quitta mon visage et descendit le long de mon corps jusqu'à un endroit, où il ne me fut plus possible de douter de ses intentions...

22 - UNE PREMONITION
(Dimanche matin)

Le matin, elle fit du café, et changea mon pansement, puis proposa un jeu.
Elle sortit des fléchettes et plaça une cible sur la porte des WC.

Le perdant, tirait un petit papier dans une boîte, des gages qu'elle prétendait avoir trouvés dans une enveloppe entre deux missels, que les locataires précédentes, deux vieilles filles, auraient oubliés...

Embrasse-moi les pieds....
Caresse-moi avec ton nez...
Ta langue dans mes oreilles...
Ferme les yeux...
Laisse-toi faire...
(et un audacieux) laisse-moi t'attacher...

Elle était habile et gagnait tout le temps.
J'avais droit à un joker que je me gardai bien d'utiliser.
A midi, elle fit des crêpes et refusa que je lave les assiettes.
_ Garde tes forces, tu en as besoin...
_ A cause de ma blessure ?
_ Pas que...
_ Je vois, je vois...
_ Tu sais, je risque de partir plusieurs mois...
_ Je t'attendrai.
_ Oui, mais ça ne suffit pas, je veux autre chose, dit-elle.

Elle prit ma main et la posa sur son ventre.
_ Tu ne sens rien ?
_ Non...
_ Les hommes n'ont pas d'imagination !
Je compris où elle voulait en venir.

_ Anna, ne me dis pas que tu es enceinte, c'est trop tôt pour le savoir.
_ C'est une prémonition !
_ Tu ne prends pas de contraception ?
_ Non, dit-elle simplement.
_ Mais Anna...
_ Bon, admettons que je ne sois pas enceinte, voilà ce que je te propose...
_ Vas-y...
_ Tu sais comment font les femmes de prisonniers pour être enceintes ?
_ Je me doute, le gardien tourne le dos.
_ Parfois, sinon elles récupèrent le sperme de leur compagnon avec un gobelet.
J'étais effaré.
_ Anna, tu veux quoi ?
_ Un enfant, idiot !
Je commençais à douter qu'elle ait toute sa raison.
_ On se connaît à peine, on ne fait pas un enfant comme ça, sur un coup de tête !
_ Tu refuses ?
_ C'est pas ça, j'aimerais que tu réfléchisses.
_ On va faire simple, si tu refuses, mon sac est prêt, je pars et je ne reviens pas.
_ Anna, je tiens à toi, je t'attendrai six mois, mais...
_ Mais quoi ?
_ Je ne veux pas que tu fasses une bêtise, que tu le regrettes...
_ Je suis assez grande pour faire les bêtises qui me plaisent... rassure-toi, je ne te demanderai pas d'argent, je te signe tous les papiers que tu veux, et

tu auras le moulin pour presque rien.
_ On ne fait pas un enfant pour un moulin.
J'étais désemparé, elle porta l'estocade :
_ Alors, c'est oui ou c'est non ? tu as dix minutes, si c'est non, je pars et je ne reviens plus.
_ Anna, ne fais pas ça !
_ Fais ce que je te demande !
_ Donne-moi dix minutes.
Je revins cinq minutes plus tard, et tentai un ultime recours :
_ Tu es absolument sûre que ça ne peut pas attendre ton retour, qu'on le fasse dans de bonnes conditions, en clinique ?
_ Ne t'inquiète pas, je vais porter ton sperme en clinique, demain matin.
_ Tu as tout prévu !
_ Imagine que tu te fasses écraser ou que tu rencontres une autre fille...
_ Il n'y aura pas d'autre fille.
_ Alors si tu te fais écraser, je fais comment pour être enceinte ?
J'allais répondre, il y a d'autres garçons, même si je ne le souhaitais pas vraiment.
_ Anna, tu as gagné, mais il me faut de l'inspiration...
_ Malheureux, ça fait deux jours que tu mates mes seins... j'enlève trois boutons et tu alimentes la banque du sperme pour six mois.
_ Tu veux dire que je suis un obsédé mammaire ?
_ Ne mêle pas ta mère à cette histoire, dit-elle, en se déshabillant.

23 – LA VENTE AUX ENCHERES
(Nuit de dimanche)

Je me levai en catastrophe.

_ Quand je serai partie, n'oublie pas la vente aux enchères, m'avait dit Anna, c'est pure formalité, il n'y aura aucun acquéreur, le notaire annoncera que le moulin est classé...

La salle était au centre-ville, j'arrivai essoufflé.

Ceux qu'Anna appelait les Thénardier occupaient le premier rang, ils parlaient haut et fort.

Le notaire prit le micro :

_ Une demande de classement du Moulin a été déposée, il se pourrait que le bâtiment soit le Château de l'Isle qui appartenait à la famille de Jeanne d'Arc. Cependant cette demande a été ajournée, il est donc procédé à la vente aux enchères.

J'étais stupéfait, les choses ne se passaient pas comme prévu.

_ Mise à prix, vingt mille euros, dit le notaire.

_ Vingt-et-un, répondirent les Thénardiers.

_ Vingt-deux, enchaînais-je.

Ils se retournèrent pour regarder l'intrus qui contrariait leur plan. Personne d'autre n'avait enchéri.

C'est vrai qu'il y avait une montagne de travaux et que l'ouvrage menaçait ruine.

_ Vingt-trois, poursuivirent-ils.
_ Vingt-quatre, annonçais-je, en mode automatique comme si leur offre déclenchait la mienne.
Quelques minutes plus tard, nous en étions à quatre-vingt-dix mille, et leur fureur était à son comble.
Le front de l'homme perlait à grosses gouttes et la femme vitupérait, me jetant des regards haineux.
_ C'est une ruine, ça vaut rien, lança-t-elle, à mon adresse.
_ Je sais, c'est pour ça que je veux vous en épargner l'achat, répondis-je, mettant les rieurs de mon côté.
Le notaire s'adressa à moi :
_ Jeune homme (il exagérait), pouvez-vous, me délivrer un chèque de caution qui garantisse vos moyens de paiement, c'est la règle au-dessus de cent mille euros.
Je n'avais rien prévu.
Mes rêves et mes espoirs s'envolaient. J'imaginais la déception d'Anna.
_ Cent mille ! dit le Thénardier, pressé d'en finir.
_ Une fois, deux fois... annonça le notaire en levant son maillet.
C'est alors que, sortie de nulle part, avec une perruque rousse et des lunettes noires, elle brandit un chèque, le déposa sur le pupitre du notaire et lança :
_ Deux-cent mille !
Une clameur se fit dans la salle.
Tout le monde voulait voir l'héroïne.

Les Thénardier, fous de rage, bondirent sur elle, mais deux costauds, crânes rasés et oreillettes, les interceptèrent comme des ballons de rugby.
Les lunettes et la perruque d'Anna volèrent, un enfant la récupéra comme la queue du Mickey sur un manège.
La foule monta sur les tables et poussa des vivats, des olés, des hourras !
Une mêlée générale s'en suivit.
Une mamie se précipita vers les petits fours, qui attendaient à l'entrée, et d'un geste large remplit son cabas.
Enjambant les participants, qui s'amochaient au sol, Anna parvint jusqu'à moi et me donna un baiser d'enfer.
Un imbécile se prit les pieds dans le câble.
Je me réveillai en sursaut, le réveil indiquait trois heures du matin.
Anna n'était plus là, elle avait laissé un mot sur l'oreiller :
" Je pars en catastrophe, chéri, avec tes médicaments, tu dormais comme un loir, je n'ai pas voulu te réveiller, et puis les adieux c'est trop dur... n'oublie pas la vente, il y a eu un contretemps, mais tout se passera bien. Mille big bisous partout!"
J'étais ahuri, je me rendormis.

24 - LA PERQUISITION

(Lundi matin)

Le jour pointait sous les volets, j'ouvris un œil.
Des bruits dans l'escalier, la porte vola en éclats. Deux ou trois zombies, tout de noir vêtus, bondirent dans la pénombre, sautèrent sur le lit et me garrottèrent, la tête dans l'oreiller, les bras dans le dos.
Je ne rêvais plus.
Je fis le tour des délits que j'avais commis...
J'avais bien fumé un joint avec Anna, sous l'Arbre aux Fées, et un autre pour calmer ma douleur, après ma chute dans la salle des archives...
Des bruits de vaisselle, de meubles renversés...
Le chef martela le sol de ses croquenots et hurla à mes oreilles :
_ Elle est où la salope ?
Il répéta la question au cas où je n'aurais pas compris.
Je balbutiai que salope était excessif et reçus une violente bourrade.
D'une empoignade, les deux acolytes - peut-être alcooliques vu l'avancée de la couperose qui veinait leurs faces molles -, me retournèrent comme un sac de pommes de terre.
_ Elle est où la salope, celle qui fait tout péter ? répéta le chef.
Il fit valser les objets qui se trouvaient sur le bureau d'Anna, puis ouvrit les tiroirs, qu'il vida, exhibant soudain une paire de boucles d'oreilles.
Il appela son collègue :

_ Kevin, note ! une boucle d'oreille...
_ Une paire, chef...
_ J'ai dit, une seule !
L'un des alcooliques me saisit par le col et me redressa.
_ Parle !
_ C'est quoi la question, dis-je, avant de prendre une seconde bourrade.
_ Parle, on pose les questions après, dit le chef.
Je déclinai mes prénoms, nom, adresse, profession, lieu et date de naissance.
_ Ferdinand ? c'est quoi ce prénom à la con ?
_ Le prénom de mon grand-père, et celui de Céline...
_ C'est un mec ou une gonzesse ?
_ Un écrivain, Louis-Ferdinand Céline...
_ Connais pas... tu couches avec la salope ? enchaîna le chef en reluquant une photo d'Anna, nue sur une plage de la Baltique.

25 - L'INDIC

La radio grésilla, quelqu'un montait les escaliers...
Un type en civil entra, calme et bien habillé.
Je reconnus le "gentil", le flic aimable, poli, propre sur lui.
Les sbires relâchèrent leur étreinte et m'assirent sur le lit, en tapotant les draps pour remettre de d'ordre.

_ Inspecteur Ladoye, dit-il.

Il prit une chaise à l'envers, à l'américaine, et me proposa une cigarette.

_ Merci, je ne fume pas, d'ailleurs, la taulière ne veut pas qu'on fume chez elle.

_ Sauf des cigarettes améliorées, dit Ladoye, qui avait le nez fin.

_ C'est médical, Inspecteur.

_ Ah ! c'est elle qui vous frappe ? demanda-t-il en regardant mon pansement.

Il appela ses collègues retranchés dans la cuisine, qui, à l'oreille, s'occupaient de la bouteille de vieux rhum réservée aux crêpes.

_ Allez fumer dehors, les gars.

Une telle prévention sentait le traquenard.

Mais l'Inspecteur était un chic type, il me servit un café, et il ne lui fallut guère plus de dix minutes pour comprendre que je n'étais au courant de rien.

_ Vous le connaissez ? demanda-t-il, en sortant une photo de sa poche.

Je reconnus le coursier-cycliste, qui me lançait de méchants regards au restaurant.

_ Disons que je l'ai aperçu.

_ Qu'est-ce que vous pouvez m'en dire ?

_ Rien de particulier, sinon qu'il est amoureux de mon amie, qu'il la suit comme un malade.

_ J'en doute, dit Ladoye, c'est un de nos agents, il est chargé de la surveiller...

_ Être policier n'empêche pas d'être amoureux, répondis-je.

_ C'est pas un policier, reprit Ladoye, plutôt un

indicateur...
_ Inspecteur, vous balancez vos indics ?
_ C'est pas le mien, c'est celui du Brigadier qui a mené l'assaut, le brutal... et ce cycliste, il est pas blanc-bleu, moi, j'enquête à charge et à décharge... ça sent le coup monté cette histoire de cabane à frites...
_ De cabane à frites ?
_ Oui, la cabane de ceux qui veulent acheter le moulin pour en faire une pizzeria, elle a flambé cette nuit. Il vous accuse, vous et votre copine...
_ Inspecteur, je dormais comme un bébé, j'ai pris des somnifères...
_ Je sais l'appartement est sous surveillance.
_ Et mon amie est partie cette nuit.
_ C'est bien ce qui m'inquiète.

26 - LA FILATURE

_ On va la jouer à la régulière, dit l'Inspecteur, vous me dites tout ce que vous savez, et moi, je vous en dirai davantage. Donnant-donnant.
_ Vous allez être déçu, je ne sais presque rien. J'ai rencontré Anna, il y a trois jours, pour acheter un moulin...
_ Et depuis quand les agents immobiliers, ou les clercs de notaire, couchent avec leurs clients ?
_ On a pris une cuite et j'ai atterri ici, disons que je ne suis pas insensible à son charme...

_ Le contraire m'étonnerait, dit-il en regardant la photo d'Anna.
_ Une fille formidable, Inspecteur.
_ Justement, ça ne vous étonne pas qu'une fille aussi intelligente, cultivée, jolie...
_ Vous voulez dire, s'intéresse à un garçon aussi banal que moi ?
_ Vous n'avez pas senti le traquenard ?
_ Inspecteur, Anna est passionnée par l'histoire, elle souhaitait m'aider à acquérir le moulin, qui selon elle, aurait appartenu à la famille de Jeanne d'Arc, elle ne veut à aucun prix qu'il finisse en pizzeria.
_ Et bien nous y voilà ! une tentative d'homicide par explosif a été commise cette nuit contre le couple qui voulait l'acquerir pour en faire une pizzeria, et qui était censé dormir dans la cabane à frites.
_ Mais enfin Inspecteur, on ne s'est pas quitté pendant trois jours, elle n'aurait matériellement pas eu le temps de préparer cet attentat...
_ D'abord, elle a des amis, et rien ne prouve qu'il n'était pas préparé depuis longtemps, ou qu'elle voulait vous faire porter le chapeau... d'ailleurs, c'est vous qui voulez acheter le moulin, pas elle...
_ Inspecteur, vous y allez fort !
_ Vous la connaissez depuis combien de temps, trois jours ? nous ça fait un an.
_ Ça n'a pas de sens Inspecteur, le moulin allait être classé, impossible d'y faire un resto.
_ Erreur, les monuments historiques ont refusé le

classement... et ce n'est pas tout, l'explosif est le même que celui employé dans une série d'attentats identitaires...
_ Identitaires, c'est quoi, ceux qui fabriquent de fausses cartes d'identités ?
_ Ne faites pas l'imbécile, ce sont des groupuscules d'extrême droite.
_ Inspecteur, Anna est d'origine isr...
J'allais dire israélite, mais ça ne le regardait pas.
_ Oui, je sais, dit Ladoye, mais elle prétend aussi descendre de Jeanne d'Arc... de toute façon, moi, je fais pas de politique, je mène une enquête, et pour l'instant, vous êtes l'ami d'une terroriste.
_ Vous êtes de l'anti-terrorisme ? ma cote grimpe...
_ Non, on attend ceux de Paris, d'ailleurs, si je peux prouver qu'elle n'y est pour rien, ça m'arrangerait, je n'ai pas envie de voir les cow-boys débarquer ici. Demain, dans le journal, on sera les ploucs de province, des brutes bornées... au fait, ils ne vous ont pas trop bousculé les collègues ?
_ Non, des amours, dis-je, en caressant mon épaule douloureuse et mon menton endolori.
_ Bon, voilà le « deal » : je vous relâche, vous êtes un amoureux transi, elle vous a manipulé... mais si vous apprenez quelque chose, voici ma carte.
Je n'étais pas assez naïf pour ignorer qu'ils allaient me filer.

27 - LES BOUCLES D'OREILLES

Ils allaient quitter l'appartement laissant un désordre que Ladoye s'employa à réparer :

_ Je vous envoie la femme de ménage du commissariat...

_ Non, merci Inspecteur, c'est gentil... au fait, il habite où le pignouf ?

_ Lequel ? il y en a beaucoup...

_ L'indic !

_ Ferdi, ne faites pas de bêtises, pour l'instant, il n'y a aucune charge contre vous...

_ Non, juste lui réclamer les clés...

_ Quelles clés ?

_ A l'étude, il a emprunté les clés d'Anna, il a fait un double.

_ Comment vous le savez ?

_ Inspecteur, vous faites comment pour poser des micros dans un appartement avec verrou de sécurité ?

_ Quels micros ?

_ Arrêtez de me prendre pour un imbécile, dans la boîte à bijoux, c'est quoi ça, des boucles d'oreilles ?

_ Ça y ressemble...

_ Alors, vous pouvez m'expliquer pourquoi Anna colle des chewing-gums sur ses boucles d’oreilles et les met au fond du tiroir, quand on fait l'amour ?

_ Ferdi, vous auriez dû travailler dans la police !

_ J'écris des polars, ça me suffit.

_ Et vous me savez innocent parce que vous avez

écouté nos conversations...
_ Enfin, ce qu'elle nous a laissé entendre...
_ Elle vous a manipulé Inspecteur...
_ Vous aussi Ferdi !
_ Oui, mais moi, je pardonne tout à une femme intelligente...
_ Et belle...
_ Ça mange pas de pain.
_ A bientôt, Ferdi...
_ A la revoyure Inspecteur...
Ils quittèrent les lieux, j'étais épuisé, je m'affalai sur le lit et finis ma nuit.

28 - LE BISTRO A DEDE
(Lundi soir)

Je fis quelques cafés et appris que le cycliste-amoureux s'appelait Gilles Bigot.
Il avait ses habitudes dans une gargote à l'angle d'une rue en pente, qui pour ne pas être malfamée, datait des années cinquante.
On n'y servait que du café et du vin, et encore du rouge.
_ Si c'est pas du rouge, c'est pas du vin, dit le taulier.
Un quintal, à jeun, le nez comme un topinambour, et des polars partout.
_ C'est votre truc, les romans policiers, dis-je.
_ Les polars, y'a que ça de vrai, jeune homme,

répondit le gaillard.
Une paire de gants de boxe accrochée au plafond, attira mon attention.
_ J'en ai cassé des caboches avec ça, dit-il.
_ Sur le ring ?
_ Pas que, j'étais videur à Belleville. Les marioles qui venaient faire le cirque, allez ! une mandale et un vol plané... moi, j'ai jamais tapé le premier, mais jamais deux fois non plus, "quand le travail est bien fait, pas besoin de recommencer", c'est ma devise.
J'ai une collection de dents aussi, celles des loustics, vous voulez voir ?
_ Je vous crois.
Il m'épargna ses trophées.
Puis, il parla littérature, enfin polar, mais pour lui, il n'y avait que ça.
_ Quand tu lis : "la vieille sortit par la porte de derrière", tu sais pas si c'est un mec déguisé en travelo, ou une vieille, mais si c'est une vieille, elle est tordue... et "par derrière" pourquoi ? vas-y, dis-moi !
Je n'avais pas l'intention de le contrarier.
_ Je sais pas, il y a un coup foireux ?
_ Tu l'as dit !
J'étais dans ses papiers, il poursuivit :
_ Le polar, c'est toujours à contretemps, comme la valse, jamais ce que tu crois... par exemple, elle te dit qu'elle t'aime, et paf, elle te plante, te surine, empoisonne ton café avec de la mort aux rats, et toi, tu baves comme une limace en implorant son

amour...
_ Ah ! oui...
_ Ou alors, elle se barre avec un joueur de flûte, qui a un froc à fleurs, pire encore...
Il essuya trois verres et une larme.
_ C'est tout ça, les gonzesses... mais qu'est-ce que la vie serait triste sans elles... moi, je les ai aimées, je leur ai tout donné, fleurs, bijoux, bagnole, argent... et jamais levé la main dessus, c'est mon honneur... ah ! elles m'ont tapé, à coup de balai, de sac à main, de talon aiguille... une femme, quand elle se met en colère, c'est l'Etna, le Stromboli, une symphonie de Wagner, la charge des "vaches qui rient"...
_ Des walkyries ?
_ Oui, c'est ça...
Je l'écoutais au ralenti, il ajouta :
_ C'est comme le cycliste...
_ Le cycliste ? dis-je subitement, levant la truffe comme un chien d'arrêt.
_ Celui qui vient tous les soirs boire son litre de vin à cause d'une gonzesse... Tiens ! celle qui a fait péter la baraque à frites cette nuit, d'après ce qu'il parait... ça me plaît, moi, les gonzesses comme ça, le mec qui lui beurre ses tartines, il doit pas s'ennuyer...

29 – BLAIREAU

Il arriva dans mon dos et me toucha l'épaule.
_ On peut se parler sans se foutre sur la gueule ?
Je me retournai.
Il avait l'air épuisé et faisait plus pitié qu'autre chose.
Il devina mes pensées.
_ Je suis pas frais, je fais peur à voir, je sais...
_ J'ai pas encore dit ça...
_ Et bien, je suis ce que vous serez dans un mois, quand vous aurez compris...
_ Compris quoi ?
_ Qu'elle vous a banané !
_ Banané, moi ? mais pourquoi dites-vous ça ? je suis pas amoureux, je m'en fous de cette nana...
_ Je vous crois pas, personne ne peut rester insensible à Anna...
_ Comment vous dites ? Anna... ah zut, j'ai même pas pensé à lui demander son prénom...
_ Vous avez pourtant...
_ Pourtant quoi ?
_ Ben, passé la nuit ensemble...
_ Oui évidemment, sinon, j'aurais pas perdu mon temps.
Je m'étonnai de mon outrance.
_ Vous buvez quoi ? demandai-je, comme si on avait le choix.
_ Un rouge, balbutia-t-il.
_ Deux rouges, Dédé...
On s'assit.
Il ne dormait pas et avait des valises sous les yeux. La chiquenaude des policiers avait gonflé et bleui

ma joue et mon pansement sur le crâne ne valait guère mieux.
_ Salut les rescapés, dit le patron, en posant les verres, je vais à l'épicerie, gardez la boutique.
_ Je comprends rien à votre histoire, dis-je.
_ Mais vous êtes bien un descendant du fiancé ?
_ Quel fiancé ?
_ Elle ne vous a rien dit ?
_ Non...
_ C'est pas possible... voilà, Anna descend de la famille de Jeanne.
_ Jeanne qui ?
_ Jeanne d'Arc, bordel, vous vous foutez de moi ?
_ Désolé, je fais de mon mieux, à votre santé... bon admettons Jeanne d'Arc et alors ?
_ Et bien, il y a eu une embrouille...
_ Quand ?
_ Il y a 600 ans...
_ C'est oublié, n'en parlons plus...
_ Raaah ! le fiancé de Jeanne d'Arc, un certain Jehan Biget, parfois orthographié Bigot, comme mon nom, ça vous parle ?
_ Pas trop, allez y...
_ C'est quoi votre nom à vous, Bichet ?
_ Oui, c'est ça.
_ Et bien Biget en 1420, se disait Bichet, le « g » se prononçait « ch ».
_ C'est possible...
_ Elle vous prend pour un descendant du fiancé de Jeanne d'Arc...
_ Et alors ?

_ Et alors ! mais c'est l'affaire de sa vie, elle veut retrouver un descendant du fiancé...
_ Pour quoi faire ?
_ Pour réparer le passé !
_ C'est-à-dire ?
_ Mais vous êtes lourdingue ! pour faire un gosse, un morveux, une morveuse plutôt !
_ Pourquoi ?
_ Sa famille a subi une série de drames, une malédiction depuis six siècles, parce que ce fameux fiancé aurait piqué le château de l'Isle, l'actuel moulin, la dot de Jeanne... quand elle est partie guerroyer...
_ C'est rigolo, votre histoire, vous devriez écrire des polars, ça rapporte rien, mais ça occupe.
Il faillit perdre pied et se mit à pleurer :
_ Bordel de Dieu, je l'aime à crever, elle m'a abandonné, pour vous, un descendant direct, qu'elle m'a dit, et vous vous en foutez !
_ Dites-moi votre Anna, elle est pas un peu mytho, perchée, frappadingue, tracassée du ciboulot ?
_ Blaireau ! Blaireau, se mit-il à hurler, elle m'a quitté pour un blaireau !
J'aurais pu lui mettre mon poing dans la figure, mais je l'avais suffisamment amoché comme ça, détruit psychologiquement.
_ Enchanté, dis-je, elle était sympa votre histoire. Les consos, c'est pour moi, ne bougez pas.

30 - LE SEVEUR
(Mardi matin)

Je me réveillai la tête lourde.
Une convocation m'attendait sur les escaliers, elle émanait de l'Étude notariale.
Je passai boire un café. Le serveur me reconnut.
_ Ça n'a pas l'air d'aller, vous, votre copine est partie, c'est ça ?
_ Oui.
_ Elles partent toutes ! lança-t-il à la cantonade.
Les consommateurs opinèrent du chef devant leur ballon de rouge ou de blanc, la seule distinction qu'on pouvait opérer dans leur solitude.
Quelques buveurs de café gagnaient du temps avant d'aller travailler.
Le journal du matin relatait les événements de la veille. On avait retrouvé une bague d'Anna sur les lieux de l'attentat.
Sa photo, celle sur la plage de la Baltique floutée aux endroits adéquats, laissait supposer qu'elle était nue, et accréditait le portrait sulfureux qu'en dressait l'article.
Le regard du serveur croisa soudain la photo d'Anna.
_ Mais c'est elle, c'est votre copine !
Il éclata d'un grand rire :
_ Et ben, c'est une sacrée, celle-là, ça doit remuer un truc pareil.
La rengaine revenait en force.
Je me rendis à l'étude.

31 - LE NOTAIRE

Le notaire me fit entrer sans me saluer.
Il se racla la gorge.
_ Bon, je ne vous félicite pas, faire péter une baraque à frites ! vous avez ruiné la réputation de mon Étude ! et ce faux certificat pour faire croire que le moulin va être classé aux Monuments historiques, vous êtes cinglés ou quoi !
C'est le Far-west depuis que vous êtes là, j'espère que vous allez bientôt repartir dans votre pays de cinglés.
J'étais à cran.
_ Je m'en fous de vos états d'ânes.
_ D'âmes.
_ Non, d'âne, baudet, bourricot. Hi ! han !
Je mis deux doigts sur les oreilles.
Il me regarda inquiet et enchaîna :
_ Bon, faisons court, après cette pénible affaire de baraque à frites, plus personne ne veut acheter, il ne reste que vous, si vous êtes toujours acquéreur...
_ Cochon qui s'en dédit.
La cafetière siffla, il se servit un café, se gardant de m'en proposer.
_ En fait, vous êtes déjà propriétaire. Plus de vente aux enchères, trop peur que ça pète.Le prix est fixé à 40 000 €. Votre père avait déposé une réserve financière de 20 000 € et Anna, ma stagiaire, a

ajouté, à titre personnel, une somme de 20 000 €, que je viens de découvrir dans le coffre fort, avec une lettre.
Il but son café et ajouta :
_ Il existe deux clauses dont vous prendrez connaissance. Si vous êtes d'accord, on signe demain, après, je veux plus vous voir.
Il se leva et m'ouvrit la porte.
_ Ah ! j'oubliai, la lettre qu'elle a laissée pour vous, avec une boite de chocolats pour moi.
A cette évocation, une larme lui brilla au coin de l'œil, il se fit tendre.
_Vous savez, dit-il, je l'aimais bien cette petite. Le travail, rien à dire, serviable, gentille, toujours à me proposer un café. Tenez pour la peine, je vous en offre un...
Entre la gentillesse et la méchanceté, il n'y a que la déception.

32 - LE CONTRAT

Je posai la lettre sur la table.
Tant qu'elle était fermée, tous les espoirs étaient permis.
Curieusement, elle était datée d'un mois avant mon arrivée.
Je l'ouvris fébrilement.

Monsieur Bichet-Biget,

Je ne vous connais pas encore, mais je vous dois quelques explications.
Quand vous lirez cette lettre, je serai loin, j'aurai mon bébé, et vous, votre moulin.
Ma requête vous semblera bien étrange.
Je suis une descendante de la famille d'Arc.
Et des recherches que je tiens à votre disposition, prouvent que vous êtes le descendant du fiancé que Jeanne d'Arc a débouté pour se consacrer à sa mission, délivrer le royaume de France.
Je vous proposerai de faire un bébé, en échange du moulin que vous convoitez par atavisme.
Il s'agit du « Château de l'Isle », que votre ancêtre, Jehan Biget, le fiancé, a acquis au détriment et à l'insu de la famille de Jeanne, pendant les heures difficiles de son procès, privant mes ancêtres d'un domaine sur lequel asseoir leur noblesse accordée par Charles VII, et révoquée par Louis XIII à ce motif.
Révocation qui a causé un traumatisme irréversible à ma famille.
Selon les attendus de la psychogénéalogie, à laquelle vous n'êtes pas tenu de croire, un tel traumatisme ne peut être réparé que par un acte fort en lien avec le préjudice subi.
Je dois renouer les fils du passé.
Je vous proposerai d'abord, un rapport consenti, ce que les hommes refusent rarement, et dans le cas contraire, j'utiliserai des moyens détournés, que vous voudrez bien me pardonner.
Vous comprenez qu'au regard de l'histoire et de la

cause johannique, qui dépassent nos petites personnes, rien ne peut m'arrêter.
L'amitié que j'ai entretenue avec votre père, et la coïncidence de sa rencontre au Monte Cassino, avec le mien, l'a conduit à régler la dette que votre ancêtre, Jehan Biget, a oublié de rembourser à la communauté de Vaucouleurs à laquelle appartenait mon père.
Vous n'aurez pas à régler le montant du domaine, et je compléterai la somme.
Cependant, pour que le destin s'accomplisse pleinement, vous devrez accepter que le "Château de l'Isle" revienne de plein droit et à terme à l'enfant qui naîtra et la mettra à l'abri de la malédiction qui frappe ma famille depuis des générations.
Ce sera une fille, "Jane", la réincarnation de Jeanne d'Arc.
Le contrat contiendra donc deux clauses :
_ La première vous empêche de revendre le domaine.
_ La seconde fera de cet enfant, votre héritier pour ce bien.
Je tiens à préciser qu'il existe un autre descendant du fiancé de Jeanne, même si ses motivations me semblent moindres, un certain Gilles Bigot, dont vous ne tarderez pas à faire la connaissance, et qui dans le cas où vous refuseriez ce contrat, se fera un plaisir de l'accepter.
Telle est la volonté du destin, auquel je me soumets par la grâce de Dieu et du pays de

France.
Bien à vous.
Anna du Lys
PS : Je conserverai vos spermes à égalité, dans l'attente de la signature définitive de l'acte d'acquisition qui vaudra consentement, ou dans le cas où la procréation naturelle ne fonctionnerait pas.

33 - UNE HISTOIRE DE FOU

La tête me tournait.
Il me fallait revoir Gilles Bigot, avant qu'il ne subisse une greffe du foie ou se suicide.
Je me hâtai vers le bistro.
Dédé mangeait des frites, en tournant les pages de son polar avec ses gros doigts.
_ Le couple de la baraque qui a pété, est venu me voir, dit-il, ils veulent acheter mon café, pour faire une pizzeria.
_ Des connards, dis-je, pète-leur la gueule.
_ Tu crois ?
_ Gilles Bigot, il est où ?
_ En bas de la rue.
Il se morfondait près du pont, un verre à la main et une bouteille de pastis à ses pieds.
La bouteille était vide, mais il restait encore de l'eau dans le ruisseau.
_ Ça va ? demandais-je.

_ J'ai pris une décision, je vais remonter la pente, je me remets au vélo.
_ Le vélo, c'est le remède à l'amour, dis-je, d'ailleurs "love", c'est vélo à l'envers.
_ Ça doit être pour ça qu'on se casse si souvent la figure !
_ Gilles, si ce n'est pas indiscret, tu as couché avec Anna ?
Il me regarda étonné :
_ Ben, oui et non, elle est lesbienne, tu savais pas ? Elle m'a demandé d'attendre, elle a dit que ça allait s'arranger...
_ Et en attendant, vous avez fait des trucs ?
_ Des trucs comme quoi ?
_ Ben, je sais pas moi, avec la bouche, les mains...
_ Un peu...
_ C'est-à-dire ?
_ Elle m'a demandé de faire ça dans une tasse, un jeu sexuel, elle a dit.
_ Elle m'a demandé quand je dormais à moitié ou que j'étais sur les genoux..
_ Tu dors sur les genoux ?
_ Non, je veux dire, quand j'étais fatigué.
_ Après, elle est allée dans la cuisine et l'a mise dans le frigo. J'ai cru que c'était une pratique onaniste, une perversion comme j'en lisais, gamin, dans les revues que mes parents cachaient en haut de l'armoire de leur chambre...
_ Pareil avec moi, mais rassure-toi, c'est juste pour une insémination !
_ Ah, la garce ! dit Gilles, elle va jouer à la roulette

russe avec nos spermatozoïdes, organiser une course de sacs à patates ! C'est une malade, une psychopathe ! Sa psychogénéalogie, c'est de la couille en barre !
Il touchait à la quintessence de l'idéal johannique d'Anna.

34 - DE SANG FROID

Je laissai Gilles Bigot à ses espoirs cyclistes et remontai vers le café, croisant un couple engoncé dans leurs gabardines, l'air louche et sournois. La femme boitait.
A peine arrivé, Dédé me dit :
_ Tiens, ils viennent de repasser, ils te cherchaient.
_ Qui ça ?
_ Le couple qui veut racheter mon café pour faire une pizzeria.
_ Ils voulaient quoi ? demandais-je, saisi d'une inquiétude soudaine.
_ Ben, voir le fiancé de la fille qui...
_ C'est quoi cette histoire ?
_ Tu as pas lu le journal de ce matin ? La nana qui a fait péter leur cabane à frites a un fiancé, ils auraient fait le coup ensemble pour récupérer le moulin...
_ Ils lui veulent quoi ?
_ Discuter d'un arrangement, qu'ils ont dit...
_ Putain, Dédé !

A peine avais-je dit ces mots que trois coups de feu éclatèrent.
On sortit précipitamment.
Cent mètres plus bas, Gilles était appuyé contre la barrière du pont et se tenait le ventre, puis il s'effondra les bras en croix.
On dévala la rue.
Les badauds étaient interdits.
Le couple se tenait à quelques mètres. L'homme leva son arme, la donna à sa femme, et hurla :
_ Voila pour le salopard qui a ruiné notre rêve ! Je t'en foutrais moi des châteaux de Jeanne d'Arc !
La femme l'embrassait et gémissait :
_ Mon Juju, mon Juju, tu es un homme, un héros, que cette mauviette aille en enfer...
Dans le lointain, on entendit une sirène de police.
La femme faisait des moulinets avec l'arme comme dans les films américains. Elle avait vu "Bonnie and Clyde", même si sur la balance, elle aurait dû renoncer au rôle de Clyde Barrow...
La voiture arriva, trois policiers en descendirent.
Un pêcheur, qui taquinait le goujon et avait assisté à la scène, sortit des buissons et prit la parole :
_ Ils lui ont demandé s'il était le fiancé, ils lui ont fait répéter son nom. « Biget, Bigot, oui, c'est moi, le fiancé de celle qui a fait péter votre putain de baraque, l'unique, le vrai », a-t-il hurlé, avant de prendre trois balles... j'allais juste ferrer une truite, ma ligne s'est emmêlée, je vais y passer une heure encore...
_ Ta gueule ! hurla Dédé en se précipitant sur

Gilles Bigot.
Il respirait faiblement.
Je pris ma chemise et tentai de lui faire un garrot. Son bras saignait, mais il avait deux autres balles dans le ventre. C'était pas beau à voir.
_ Dites-lui que je l'aime, que je l'aime... et toi, blaireau, tâche de t'occuper d'elle, sinon de là-haut, je t'envoie toutes les météorites du ciel...
Il mourut ainsi.
_ Ma femme est retournée dans la cabane, pour récupérer la caisse... la bouteille de gaz a explosé, elle est brûlée à la cuisse, lança le meurtrier aux policiers qui lui mettaient les menottes.
L'ambulance arriva.
_ Assassins, assassins ! hurlèrent les badauds, qui prenaient de l'assurance.
_ Je voulais juste lui tirer une balle dans le genou, c'est lui qui m'a provoqué !
_ Qu'il aille en enfer, cria, la sorcière en claudiquant, avant qu'un policier ne lui retire l'arme que tout le monde avait oubliée.
Ils embarquaient les Thenardier, quand Dédé arriva sur l'homme et lui décocha un direct qui le laissa sur le carreau, et comme la femme lui sautait sur le dos en poussant des cris hystériques, il l'arracha comme une vilaine araignée et lui asséna une formidable calotte qui la fit tourner trois fois sur elle-même.
_ C'est bien la première fois que je frappe une femme, dit-il laconiquement.
_ Halte au feu, cria le brigadier en embarquant son

monde.
Et m'apercevant :
_ Tiens, vous êtes encore là, vous ? toujours dans les coups foireux...
Je reconnus le "brutal" qui avait mis à sac l'appartement d'Anna.
_ Connard, y'a un mort ! en plus c'est ton indic, tu devrais...
_ C'est juste dommage qu'il se soit trompé de mec...

35 - LA VEILLEE
(Mardi soir)

J'étais anéanti, un homme venait de mourir à ma place.
Ils s'étaient mépris, trompés de fiancé. Ils étaient venus pour me faire la peau, à minima, me coller une balle dans le genou.
Boiteux, handicapé à vie.
Ce soir-là, avec Dédé, on fit une veillée funèbre.
Il tira le rideau et sortit une bouteille de Mirabelle.
De la meilleure année, la plus fruitée, sa réserve personnelle, qu'il ne partageait qu'avec les amis et encore pour de grandes occasions.
_ La vie ça va, ça vient, tu vois la dernière fois, c'était pour fêter un combat de boxe avec des gars d'ici. J'en ai mis quatre au tapis, après on a arrosé ça toute la nuit, et maintenant, c'est à la vie, à la

mort. Si t'as un 'blème, je les appelle, on fait sauter tout ce que tu veux...
_ J'y suis pour rien dans cette histoire de cabane...
_ Tu avais raison, quand tu m'as dit de leur péter la gueule, si je l'avais fait, Gilles serait encore là.
_ J'ai dit ça comme ça, une connerie...
_ Si j'ai bien compris, vous aimiez la même gonzesse ?
_ Oui.
_ C'est ça le drame, à part la partager ou perdre un ami, je vois pas la solution.
_ Il y en a une autre, il a pris trois balles pour moi.
_ Ne te culpabilise pas... Gilles, je l'ai sauvé deux fois, une fois, j'ai décroché la corde, l'autre fois, je l'ai sorti de l'eau. Il avait dit : "la troisième fois, je me raterai pas..."
Il voulait mourir, et là, il est mort en criant son amour, ça a plus de gueule qu'une corde pourrie ou de l'eau croupie, non ?
Je compris que Gilles Bigot était ravagé par le chagrin.
Il avait accepté ces trois balles parce qu'elles signaient la reconnaissance de son amour pour Anna, qui, après lui avoir fait croire qu'il était l'élu de son cœur, a trouvé, selon son expression, un fiancé « plus direct », plus intéressant pour son projet de fonder une dynastie johannique.
Chez les insectes sociaux, certains se sacrifient pour permettre la survie des autres...

36 – UN SONGE
(Nuit de mardi)

Dédé me proposa une banquette au fond du café, avec des couvertures.
_ Non, merci, je préfère rentrer, je vais te dire un truc idiot, rien que son odeur dans les draps, ça me calme...
_ Tu y crois toujours ?
_ Comme on croit au printemps...
Je traversai la ville endormie, l'air vif me fit du bien, je regagnai l'appartement sous les toits.
Je m'allongeai et m'endormis. J'avais trop bu.
Quelques rêves sans importance, le lit dansa.
Des pas feutrés sur le plancher, j'ouvris un œil.
Elle était là, devant moi, avec une robe de tulle. Je tendis les bras, ma main traversa son corps.
_ Je ne suis... qu'un songe, dit-elle... je n'ai que... quelques secondes...
Il me sembla qu'elle faisait un effort intense, comme si elle était en apnée...
_ Anna, tu t'es servie de moi, tu m'as utilisé, avant de me jeter, comme une vieille chaussette, comme Gilles Bigot...
_ Je suis venue te dire que...
Les mots lui manquaient, elle happait l'air comme un poisson hors de l'eau...
Elle essaya à nouveau et avec un effort intense dit, d'un trait :
_ JE T'AIME...

Puis elle lâcha prise, les mots étaient des bulles qui éclataient contre une paroi de verre, son visage se brouilla...
Je me levai en sursaut, fouillai tous les recoins de l'appartement, sortis sur le palier... elle avait disparu.
Un grand coup de tête dans le mur, un miroir et une pile d'assiettes qui s'effondrent...
Le désespoir, je m'affalai.
Le coq me réveilla.
Un miroir et de la vaisselle cassée jonchaient le sol.
Je sortis, l'air était doux, une belle journée.
J'étais heureux et me mit à danser sur les bordures des trottoirs, comme on le fit avec Anna, en allant au restaurant.
Les passants me regardaient bizarrement.
_ Pauvre garçon, dit l'un d'eux.
Un autre m'indiqua l'hôpital

37 – LES CHOCOLATS
(Mercredi matin)

J'arrivai à l'étude vers 10 heures, l'heure à laquelle j'avais rencontré Anna, quelques jours plus tôt.
Le notaire me fit entrer, il avait préparé du café et des gâteaux.
_ Vous attendez du monde ?
_ Non, c'est pour vous.

Je m'étonnai de sa transformation radicale.
_ Elle ne vous a rien dit ?
Il me montra trois boîtes de chocolats sur une table.
_ C'est Anna qui me les a envoyées, dit-il, heureux comme un gamin à qui on a donné une orange.
_ Vous savez d'où le colis a été envoyé ?
_ D'Allemagne, il y a même un mot...

Cher Maître,
Je suis infiniment triste pour tous les désagréments que je vous ai causés. J'aimais travailler avec vous et je prends sur moi tout ce qui est arrivé, sauf la cabane à frites. N'en voulez pas trop à ce pauvre Ferdi que j'ai entraîné dans cette aventure, il n'y est pour rien. Expliquez-lui cette histoire d'héritage et pourquoi j'en suis arrivée à cette conclusion.
Vous pouvez verser le solde de mon salaire dans la cagnotte pour acheter du café et du sucre, dont il a abusé.
Vous me feriez plaisir en achetant aussi chaque semaine une boîte de chocolats.
Amicalement.
Anna.

_ Passons à ce contrat, vous l'avez lu ?
_ Bien sûr.
_ Vous connaissez les clauses ? vous ne pourrez pas revendre le moulin et vous avez un héritier désigné...

_ Oui, une héritière, dis-je.
_ Vous pouvez décider de ça ?
_ Moi non, mais Anna oui.
_ Vous avez de ses nouvelles ?
_ Cette nuit, elle est venue me voir...
_ Je vois, dit-il, en apercevant ma bosse, elle a du caractère cette petite.

On signa les documents et il me donna un trousseau de clés impressionnant.

_ Cher Maître, quelque chose m'échappe, les Thénardier...
_ Les Thénardier ?
_ Oui, Anna les appelait comme ça, ceux dont la baraque a pété et qui ont tué Gilles Bigot...
_ Paix à son âme...
_ Pourquoi n'ont-ils pas acheté le moulin, puisque le classement a été refusé ?
_ Il n'a été que différé et l'explosion de la cabane à frites n'a rien arrangé... les banques ne prennent aucun risque.
_ Vous croyez qu'Anna a fait ça ?
_ Non.
_ Qui alors ?
_ Il ne parlera plus.
_ Vous voulez dire Gilles Bigot ?
_ Oui.
_ Pourquoi ?
_ Je joue au bridge avec son père, c'est un notable... son fils a perdu la tête, il espérait impressionner Anna, et aussi bizarre que cela paraisse, il voulait l'envoyer en prison.

_ Pourquoi ?
_ Pour qu'elle vous échappe... en ce sens, il a réussi, non ?
_ Pas sûr, je l'aurais attendue et maintenant qu'elle est en fuite, j'irai la chercher au bout du monde...
Je fis le bilan, les Thénardier avaient tiré sur Gilles Bigot par erreur, voulant juste m'estropier... mais sans le savoir, ils avaient tué celui qui était la cause de leur échec.
Plusieurs questions m'échappaient cependant, savait-elle que Gilles Bigot allait faire sauter la cabane à frites ? l'avait-elle laissé faire, encouragé ?
Un sac de nœuds.

38 - LE FIANCE MAUDIT

_ Allons dans la salle des archives, je vais vous expliquer cette histoire.
Tout est parti d'un document authentique, un acte notarié de 1420 qui a traversé les siècles.
Jacques d'Arc, le père de Jeanne, loue avec un certain Jean Biget, un domaine à vocation agricole, l'ancienne « maison forte » des Seigneurs de Bourlesmonts et les terres qui l'entourent.
Curieusement ce document n'a attiré l'attention de personne, pourtant il est intrigant à plus d'un titre :
Première surprise, la date.
L'acte est décidé, en 1419. La petite Jeanne a sept

ans. C'est l'âge dit "de raison", parce que l'enfant est capable de comprendre ce qu'on lui dit et de témoigner dans certains actes juridiques.

C'était aussi l'âge où la survie des enfants est assurée. La mortalité infantile était effrayante, un enfant sur deux mourait en bas âge.

Et c'était donc l'âge, où les paysans aisés, à l'imitation de la noblesse avec qui ils partageaient la notion de patrimoine, cherchaient une famille de rang égal pour fiancer leurs enfants.

L'endogamie sociale était la règle, elle limitait les risques et assurait la survie du groupe familial.

Deuxième point étonnant, la durée du bail, neuf ans.

Jeanne aurait donc seize ans à son échéance en 1428, l'âge idéal du mariage.

C'est l'année où le fiancé lui intente un procès pour rupture de fiançailles.

Car, gros caillou dans la chaussure, à treize ans, Jeanne entend ses voix et décide de consacrer sa vie à Dieu et au royaume de France.

Plus question de mariage.

Les familles temporisent d'abord, pensant à une crise d'adolescence.

Le curé dépêché ne peut lui faire entendre raison.

Son père, qui l'aime, menace même, dans un moment d'égarement, de la noyer dans la Meuse. Ce qui eut été difficile, vu qu'on y a pied presque partout, à moins d'attendre les crues.

De guerre lasse, le fiancé, voyant le beau domaine lui échapper, intente à Jeanne un procès en rupture

de fiançailles, qu'à la surprise générale, il perd.
Les juges fondant leur décision sur le Droit Canon, qui donnait la liberté aux femmes de choisir leur époux.
Ce n'était pas pure générosité, juste que le mariage était un serment devant Dieu, irrévocable, et que afin qu'il en assume la responsabilité, nul ne pouvait y être contraint.
Subtilité juridique qui échappait aux paysans qui s'en tenaient au Quatrième Commandement de Dieu, selon lequel les enfants devaient obéir à leurs parents en toutes circonstances.
Un serment devant Dieu l'emporte sur celui entre deux familles.
Délivrée de ses obligations, qui lui auraient interdit de chevaucher à travers la France et d'être auréolée du titre de « prophétesse », - il fallait être vierge -, Jeanne accomplit son destin.
Elle partit d'abord à Vaucouleurs avec la complicité de "Durand-Laxart", demander au Seigneur de Baudricourt, qui commandait la place forte, une escorte pour se rendre auprès du Dauphin.
Le rude soldat la congédia une première fois, en recommandant à son père de la gifler.
Jeanne étant experte dans l'art d'exciter la ferveur populaire - une gamine insupportable et obstinée -, il céda finalement et lui accorda une escorte.
Restent le "Château de l'Isle" et le fiancé qui nous occupent, dit le notaire, en me servant un café et m'offrant un chocolat d'Anna...

39 – LES COINCIDENCES

Le notaire poursuivit son récit.

_ Pendant que la grande Histoire s'accomplissait et que la famille de Jeanne était occupée par l'incroyable épopée et le tragique procès qui s'en suivit, le fiancé, qui n'en démordait pas, acquit le domaine.

Dans un « Vidimus », un rapport administratif qui recense les habitants du village, on le retrouve quelques années plus tard, sous le nom de Jehan de l'Isle, jouant au châtelain...

_ Ah ! l'escroc, dis-je.

_ Oui, sauf que selon les recherches généalogiques d'Anna, c'est votre ancêtre.

_ Il s'appelait Biget, moi c'est Bichet.

_ Erreur, "Biget" se disait "Bichet", les paysans lorrains chuintaient le son « JE/GE » et le prononçaient « CHE ». Au siècle dernier, Ils disaient encore "visache" pour visage et "paysache" pour paysage.

Dans une lettre qu'elle dicte, Jeanne dit : « CHentils habitants», le clerc distrait, l'écrit d'abord ainsi, avant de rectifier dans la marge, « gentil ».

Votre nom a été francisé quand la Lorraine a intégré le royaume de France.

_ J'imagine qu'il y a d'autres Biget, Bichet, Bigot...

_ Oui, mais pas avec autant de coïncidences,

d'actes manqués, qui selon Anna accréditent la thèse d'un retour clandestin, inconscient, atavique, transgénérationnel sur les lieux du délit.
_ La psychogénéalogie, on y croit ou pas.
_ Elle y croit et vous mettez les pieds dedans, « Vous et les vôtres » aurait dit La Fontaine.
_ Par exemple ?
_ Vos grands parents étaient meuniers au siècle dernier dans ce moulin... votre sœur achète une maison à côté de celle de « Durand-Laxart »... votre autre sœur épouse un Gérardin, descendant du dernier propriétaire de la maison de Jeanne...
_ De purs hasards !
_ Pour Anna, il n'y a pas de hasard, les coupables reviennent toujours sur le lieu de leur forfait.
_ Et moi, j'ai fait quoi ?
_ Vous traversez la France pour acheter ce moulin, que votre ancêtre a usurpé...
_ Mais il n'a rien usurpé ce pauvre garçon, Jeanne l'a laissé tomber pour aller guerroyer, comme Anna, m'a laissé tomber...
_Vous verrez ça avec elle, moi, je vous raconte l'histoire telle qu'elle la voit.
_ Mais pourquoi n'a-t-elle pas acheté ce « Château de l'Isle », récupéré ce qu'elle dit lui appartenir ?
_ Pour réparer des blessures psychologiques, rien de bon ne s'accomplit par la force, on en peut "réparer le passé" en créant d'autres fractures, d'autres injustices, il est préférable d'obtenir l'assentiment, la reconnaissance de chacun... j'imagine qu'elle veut que vous assumiez cet

héritage afin de le restituer à l'enfant qui naîtra... et peut-être le partager avec elle...
_ Vous voulez dire qu'elle tient à moi ?
_ Je sais juste qu'elle a dit : « Je n'avais pas prévu ça ».
_ C'est-à-dire ?
_ Qu'elle n'avait pas prévu de tomber amoureuse, mais ça, c'est à vous de le vérifier...
Quand on aime une femme, on va au bout du monde.

40 – L'INSPECTEUR

Je traversai la rue.
Un automobiliste me klaxonna, c'était Ladoye.
_ Venez Inspecteur, j'ai les clés du moulin.
Il gara sa voiture et vint me rejoindre.
_ Les clés ! pas très moral tout ça, après avoir fait péter la cabane à frites.
_ Inspecteur, si j'ai commis un délit, je suis votre homme, dis-je, en lui tendant les mains.
_ J'ai pas mes menottes, sinon, vous n'y coupiez pas. On nous a également signalé un type bizarre avec une bosse sur le front, un pansement sur la tête et un œil au beurre noir, qui dansait sur les trottoirs, c'était vous ?
_ Parfaitement, Inspecteur, c'est interdit ?
_ Après le meurtre d'hier, tout le monde est à cran. Ils vous visaient hein ? Ils ont dit : "on voulait

juste lui mettre un pruneau dans la jambe et tout a dérapé..."
_ Vous me faites trop d'honneur Inspecteur, mourir pour la femme qu'on aime, c'est pas donné au premier venu.
_ Des nouvelles de votre copine ?
_ Elle est venue cette nuit, entrée par la fenêtre, sortie par la cheminée, elle m'a demandé en mariage.
_ C'est aux femmes de faire ça ?
_ Vous savez bien qu'Anna n'est pas une fille ordinaire, Inspecteur.
_ Tiens, j'ai une bonne nouvelle, la plainte a été requalifiée en destruction simple, je parle de la baraque à frites. Ils ne dormaient pas dedans et après ce qu'ils ont fait, ça jette le doute. Ça va quand même chercher dans les cinq ans pour votre copine, mais si vous vous mariez vous aurez un droit de visite, il y a des parloirs spéciaux maintenant, sex-toys, oreillers roses...
Il marqua un temps d'arrêt et ajouta :
_ Mais il y a quelque chose qui m'inquiète davantage, son engagement politique.
_ Je suis ignorant de ces choses-là, Inspecteur.
_ C'est ça, payez-vous ma tête. Garçon, deux Picon bières !
_ Pareil ! dis-je.
_ Tenez, voilà un de leurs tracts :

SI LA JEUNESSE SE DETOURNE
DU CHRISTIANISME

Il NOUS APPARTIENT DE RETROUVER
LE CHEMIN DE LA SPIRITUALITE.
REJOIGNEZ LE RENOUVEAU CHRETIEN !

_ Je ne vois pas ce qu'il y a de méchant là-dedans, Inspecteur.
_ Celui-là est gentil, les autres on les garde, mais il a des choses d'intéressantes au dos.
Il me le donna et ajouta :
_ La meilleure, c'est ce salopard de Brigadier, pour monter en grade, il a pris une bague dans le tiroir de votre copine pendant la perquiz' et l'a déposée sur le lieu de l'attentat. Il y a juste un problème, elle brillait encore, alors qu'avec l'incendie elle aurait dû être noircie.
_ Donc, finalement, elle n'y est pour rien.
_ C'est moins sûr...
Je jetai un œil au dos du tract, il était écrit :« Chemin de Saint-Jacques. Le Puy-en-Velay ».
_ Perdu, elle est en Russie Inspecteur.
_ Non, était en Allemagne, hier.
_ Pourquoi vous me dites ça, Inspecteur ?
_ Je vois trois hypothèses, soit pour que vous la retrouviez et l'empêchiez de faire des conneries, soit parce que les petits poissons nous mènent aux gros, soit parce que si l'envie vous prend de faire de la marche, soyez prudent, je sens un truc méchant...
Le serveur amena quatre Picon bières.
On les but en regardant passer les filles. Aucune ne me plaisait autant qu'Anna.

_ Vous allez au moulin ? demanda-t-il.
_ Oui...
_ Alors, je vous dépose, si on vous arrête, même à pied, vous êtes fait comme un rat.
_ Vous aussi, Inspecteur.
_ Oui, mais moi, j'ai des copains dans la « polisse », pas des «terrorisses», ajouta-t-il, enjoué et un peu saoul.

Avant de le quitter, je lui posai une dernière question :
_ Pourquoi, vous faites-ça, Inspecteur, pourquoi, vous m'aidez ?.
_ Moi aussi j'aurais aimé être con, amoureux et con...

41 - LA MEMOIRE DU TEMPS
(Mercredi après-midi)

Je fis une visite complète du moulin.
Il sentait le bois et le foin. La roue à aube livrée à elle-même, grinçait doucement.
Je grimpai les étages abandonnés aux chats et me réfugiai dans le grenier.
Je m'assis face à une lucarne d'où l'on voyait toute la vallée.
Jeanne d'Arc avait peut-être joué dans ce grenier, comme ma grand-mère Jeanne quand elle était enfant.

Je fermai les yeux et entendis leurs cris, puis les clameurs des paysans.
Tout défila, les pèlerins, les chariots de blé et de vin, les crues, les guerriers, des premiers barbares aux derniers panzers allemands.
Cet espace entre le Rhin et la Meuse est une terre où les deux peuples, latin et germain, se sont heurtés, repoussés, mêlés.
Les germains gagnaient, les latins les assimilaient.
Pourtant ici, à part ce que croient les parisiens, personne ne parle, ni ne comprend l'allemand, tout juste « Ya ou Nein ».
Et bien que les trois générations qui précèdent, aient vu passer les allemands, la mienne n'a croisé que des touristes polis et bien nourris avec un peu d'embonpoint et de grosses berlines.
Comment cette vallée verdoyante avec des milliers de fleurs et des vaches paisibles, où coule la Meuse endormeuse chère à Péguy, a-t-elle pu connaître un tel tumulte ?
La rivière que certains appellent un fleuve, a servi de frontière pendant mille ans aux chevaliers du Saint Empire romain germanique, et aux hardis vassaux des rois de France.
Les paysans, la paix venue, retournaient à leurs charrues, traversant les siècles avec humilité et la rivière pour d'ancillaires amours.
_ Paradoxe, disait Anna, si l'on réunissait les mères de nos mères, et ainsi de suite, jusqu'à Jeanne d'Arc, guère plus d'une vingtaine de femmes se tiendraient dans ma salle à manger.

Que chacune d'elle ait dit à la suivante ce qu'elle devait faire et penser, n'a rien d'extraordinaire, c'est le destin des mères.
Jeanne d'Arc est plus proche de moi que les gens du quartier d'en face.
Voilà le fondement du lien qui m'unit à Jeanne, et justifie ma foi dans la psychologie transgénérationnelle, ajoutait-elle.
Les hommes ne sont que des guerriers braillards qui façonnent l'histoire à coups de hache, quand les femmes transmettent la mémoire du temps.
Parfois elles sont sorcières et portent les mystères du monde, c'est pour ça qu'on les brûlait sur des bûchers.
Parfois, il suffit d'écouter le bruit de l'eau et du vent, pour entendre leurs murmures.
Ce que je fis, jusqu'à la nuit.

42 - L'OR DU SOIR
(Nuit de mercredi)

L'or du soir embrasait l'horizon.
J'allais passer ma première nuit dans le moulin.
La nuit tombait, je m'endormis.
Je savais qu'un jour une petite fille jouerait dans la cour et le grenier, qu'Anna lui parlerait de son passé et de son avenir.
J'irais la voir dans le bureau aménagé sous les combles, elle aurait un foulard dans les cheveux.

La cinquantaine lui allait bien.
Elle avait fait quelques années de prison, appris le russe, le japonais et le chinois. C'était pratique pour les notices, les traductions étant souvent désastreuses.
Une cicatrice sous son sein droit, que j'embrassais souvent - le sein et la cicatrice -, rappelait l'assaut des agents du Bundeskriminalamt, équipés de mitraillettes « Skorpion », qui avaient fait péter la boutique.
_ Ça avance ton livre ? demanda-t-elle.
_ Oui, une histoire de fou, un type un peu simple qui veut acheter un moulin et qui tombe sur une nana allumée.
_ Une nana ou une Anna ?
_ C'est pareil, dis-je, elle a un bracelet à la cheville.
_ Un bracelet électronique, tu veux dire.
_ Oui, ça gêne pour faire l'amour, mais l'Inspecteur est sympa, il leur a filé la clé.
Elle rit :
_ Tiens, la petite veut qu'on remplace son tricycle par une bicyclette. Ce matin, elle veut aller en Afrique pour sauver les éléphants blancs.
_ Plutôt la jeter dans la Meuse, dis-je, imitant les paroles de Jacques d'Arc quand sa fille Jeanne voulut partir sur les chemins de France.
_ Arrête idiot, tu vas nous porter malheur.
_ Je parlais de la bicyclette !
Elle posa un baiser sur mon front, je lui caressai le genou et un peu au-dessus.

_ Arrête, obsédé, quelqu'un monte les escaliers.
Jane arriva et nous percuta comme un boulet.
Un jour, elle se prenait de passion pour les ratons laveurs et partait en croisade contre les chasseurs. Un autre jour,pour les éperviers. Elle affirmait que les fleurs et les papillons lui parlaient.
L'institutrice proposa des séances avec la psychologue scolaire.
_ Merci, j'en ai soupé de votre "psycho-géolonogie", dis-je.
_ Vous voulez dire généalogie, géologie ?
_ Elle fera le métier qu'elle veut, mais croyez-vous que la vingtième arrière-petite-nièce d'une bergère caractérielle, peut avoir un comportement normal ? dis-je, à la sage fonctionnaire qui se demanda qui était le plus atteint, le père ou la fille.
Quand le fils du voisin venait jouer, elle lui donnait des coups de râteau. Les garçons devaient se taire et les filles n'étaient pas autorisées à jouer à la poupée.
Parfois, elle se drapait dans un rideau, enfourchait un balai et menait l'assaut avec les poules ou les moutons.
_ Je sens qu'elle va nous donner du fil à retordre, dit Anna.
_ Telle mère, telle fille, risquai-je, avant de recevoir une serviette dans la figure.
_ Prends ça, fielleux !
_ Rassure-toi, elle trouvera un garçon un peu pomme, qui la sortira de là. C'est le karma, tout est écrit dans le grand livre de la "spychogénologie",

dis-je en prenant un malin plaisir à écorcher le nom.
_ Mon pauvre garçon, dit Anna, une balle invisible t'a éclaté le cerveau, heureusement que je suis là pour m'occuper de toi.
Elle posa un baiser là où la balle imaginaire avait pénétré.

43 - LE MAROQUIN
(Jeudi matin)

Je me levai à l'aube. Le soleil blanchissait l'horizon.
La location d'Anna arrivait à échéance, il me fallait remiser ses affaires.
Dédé arriva avec trois boxeurs et à la fin de la matinée, l'affaire fut pliée.
A midi, je les retins au restaurant.
L'après-midi, je rangeai les affaires d'Anna dans une pièce du moulin. C'est alors que parmi une pile de livres, je trouvai un maroquin vert.
Je reconnus avec stupéfaction celui qui était resté un demi-siècle en haut d'une armoire dans le bureau de mon père.
Je l'ouvris.
Il contenait deux vieux documents en latin et en caractères hébraïques et une lettre plus récente.

Madame Anna Henigmann.

Mes jours sont comptés.
Vous m'avez donné ce bonheur immense de retrouver l'ami que j'avais perdu au Monte Cassino en 1944 et que je croyais mort.
Je vous restitue ce porte-document qui lui appartient.
Il semble que mon ancêtre Jean Biget n'a pas réglé à la communauté de votre papa, Isaac Henigmann, la somme contractée pour acquérir le Château de l'Isle.
Je me permets de réparer cet oubli, en vous versant 20 000 euros. Cette somme devrait vous aider à acquérir le moulin, dont la vente ne saurait tarder vu son état de délabrement.
Dès que ma santé le permettra, je rendrai visite à mon ami Zak.
Quelle joie de savoir qu'il a survécu à la balle qui lui a emporté la joue et qu'il a une fille comme vous.
Je n'ai pas eu cette chance, avec mon fils, nos rapports ne sont pas ce qu'ils devraient être.
Peut-être payons nous cette forfaiture.
Puissiez-vous, selon vos propos, « réparer l'histoire » et conjurer la malédiction qui accable votre famille, comme vous me l'avez expliqué.
La psychogénéalogie est pour un vieux monsieur comme moi, une chose bien complexe.
Je vous embrasse comme la fille, ou la belle-fille que tout le monde aimerait avoir.

Sa signature et une date figuraient en dessous.

Il était mort quelques semaines après avoir écrit cette lettre, n'ayant pu réaliser son deuxième vœu, revoir son ami Zak.

44 – LE CHATEAU-MOULIN

Mon sac à dos et mes croquenots étaient prêts.
Une foule de questions m'assaillait.
La lettre de mon père m'avait appris que l'argent qu'il avait consigné à l'Étude était destiné à Anna.
Pourquoi me l'avait-elle rendu ?
Cet argent lui restituait pourtant symboliquement le "Château de l'Isle" dont le détournement était selon elle, la cause des malheurs de sa famille.
Son absence ayant entraîne la perte de leurs titres de noblesse sous Louis XIII, et provoqué une vague de dépressions et de suicides chez les femmes de sa famille.
J'avais d'ailleurs douté de l'objet du délit- un château n'est pas un moulin et vice-versa -, avant d'apprendre qu'au Moyen-âge, la plupart des moulins étaient fortifiés. Le blé étant une denrée alimentaire essentielle, qui assurait la survie des populations, les seigneurs les intégraient à leur château ou les fortifiaient.
Chenonceaux, avant d'être le monument que l'on sait, n'était qu'un petit moulin fortifié au bord du Cher.
J'avais également douté que biget, le nom du

fiancé de Jeanne, soit devenu bichet, celui de mon père, et pourtant une famille charnière biget-bichet apparaissait dans l'arbre généalogique peu après le rattachement de la lorraine à la France, ainsi francisé.

Quant aux autres coïncidences, je les expliquais par le fait, que ma famille gravitait depuis plusieurs siècles autour de Domremy et que tous les hasards étaient permis.

Anna y voyait au contraire une volonté inconsciente, une mémoire familiale qui traversaient les générations, et qu'expliquait la psychogénéalogie.

_ Nous héritons bien des gènes de nos parents, grands-parents et autant que l'on veut en remontant le temps, disait-elle, pourquoi pas de leurs souvenirs et traumatismes ?

Mais tout me ramenait à une question essentielle.

N'étais-je qu'un pion qu'elle avait utilisé avant de le jeter, ou m'aimait-elle suffisamment pour me confier le « Château de l'Isle ».

Et que, dans l'attente de son retour avec l'enfant qu'elle portait, par acte fort, réparation suprême, je le partage avec elle...

La solution était de la retrouver et de lui poser la question.

Je fermai la lourde porte avant de passer chez Dédé pour déposer les clés. Il assurerait la surveillance des lieux, sa réputation n'était plus à faire.

Il me fit un café et une confidence :

_ Moi, par fierté, la dernière, je ne suis pas allé la rechercher et maintenant, je suis là avec ma cafetière, mes bouteilles de rouge et mes polars...
_ Elle est où ?
_ Elle est en Afrique, elle distribue des livres aux femmes et aux enfants...
_ C'est quoi son prénom ?
__ Solange.
_ Quand je reviens, tu vas la chercher !
Il me donna l'accolade et ajouta :
_ Si tu ramènes Anna et la gamine, c'est moi le parrain !
Mon train partait dans une heure.

FIN
Fin livre I

REMERCIEMENTS

Ce livre a été relu et corrigé par mon amie, Séverine Gabrielle. Je la remercie pour sa compétence et sa gentillesse.

www.ingramcontent.com/pod-product-compliance
Lightning Source LLC
La Vergne TN
LVHW041116150826
845673LV00007B/2071

* 9 7 8 2 9 1 4 7 4 9 0 2 2 *